JOHN DEWEY

Dados Internacionais de Catalogação na Publicação (CIP)
(Câmara Brasileira do Livro, SP, Brasil)

Aguiar Neto, Porphirio.
John Dewey / por Porphírio Aguiar Neto e Tânia Sereno.
– São Paulo: Ícone, 1999. – (Série Pensadores americanos)

Bibliografia.
ISBN 85-274-0584-9

1. Dewey, John, 1859-1952 2. Filósofos – Estados Unidos – Biografia I. Sereno, Tânia. II. Título. III. Série.

99-3714   CDD-191

Índices para catálogo sistemático:

1. Filósofos norte-americanos: Biografia e obra   191

JOHN DEWEY

Por **Porphírio Aguiar Neto** e **Tânia Sereno**

Coordenador da série
Wanderley Loconte

© Copyright 1999.
Ícone Editora Ltda

Capa
Confiart Desenhos e Artes Gráficas Ltda

Diagramação
Rosicler Freitas Teodoro

Revisão
Antônio Carlos Tosta

Proibida a reprodução total ou parcial desta obra,
de qualquer forma ou meio eletrônico, mecânico,
inclusive através de processos xerográficos,
sem permissão expressa do editor
(Lei nº 5.988, 14/12/1973).

Todos os direitos reservados pela
ÍCONE EDITORA LTDA.
Rua das Palmeiras, 213 — Sta. Cecília
CEP 01226-010 — São Paulo — SP
Tels./Fax.: (011)3666-3095

ÍNDICE

Vida e obra 7

Época e pensamento 11

Temas 35
Dewey e a educação 37
Dewey e a história 61
Dewey e a filosofia 67
Dewey e a moral 70
Dewey e a política 74

Anexos 85
A educação e a conquista da felicidade 87
A noção de causalidade em Ciências Sociais
para Dewey 88
Pragmatismo, identidade social, patriotismo
e autocrítica 89

Bibliografia 91

Vida e obra

O homem distingue-se dos animais
inferiores por ser capaz de reter
as experiências passadas.

John Dewey

John Dewey é um filósofo americano de significativa importância na História da Educação e na crônica da evolução do pensamento contemporâneo. Seu trabalho caracteriza-se pelo instrumentalismo pragmático — o "aprender fazendo" — e os seus conceitos éticos e políticos.

Dewey nasceu em Burlington, uma pequena cidade do estado de Vermont, nos Estados Unidos, a 20 de outubro de 1859. Casou-se em 1886, com Alice Chipman, que o ajudou na maioria de suas experiências pedagógicas. Foi assistido de maneira eficiente por Ella Flag Young, inspetora das escolas de Chicago e por Jane Addams, uma das formadoras do Centro Social da Hull House.

Iniciou seus estudos nas escolas públicas de Burlington, já que seus pais não possuíam grandes recursos econômicos. Depois, ingressou na Universidade de Vermont, onde se diplomou em Filosofia em 1879. Foi então para a vida prática, lecionando em uma escola rural de Vermont, quando tomou contato com alunos e com a realidade pedagógica. Foi a sua primeira incursão na prática da teoria. Dois anos depois ele regressou à Universidade de Vermont para alguns cursos de aprimoramento. São deste tempo os estudos de línguas clássicas e, principalmente, o seu contato com as idéias do positivismo de Augusto Comte. Sempre lecionando em escolas elementares, conheceu um jornalista especializado em Filosofia, de nome Harris, que o animou a aprofundar seus estudos nessa área. Foi assim que ingressou na Universidade John Hopkins, em Baltimore. Seus orientadores eram de formação hegeliana e esse fator foi decisivo na evolução do seu pensamento. Em 1884, recebeu o título de Doutor em História Política e das Instituições e em Filosofia, iniciando-se a sua carreira acadêmica.

Por dez anos lecionou na Universidade de Michigan e um ano depois na Faculdade de Minesota (1884-1894). Foi convidado para a chefia do Departamento de Filosofia na Universidade de Chicago, onde permaneceu até 1924, transferindo-se depois para a Universidade de Columbia, em Nova York, onde permaneceu até 1929.

Mas a vida de John Dewey não foi apenas teoria. As suas realizações práticas são inúmeras. Na Universidade de Chicago, em janeiro de 1896, fundou a Escola Elementar, uma espécie de "escola-laboratório" onde os conceitos teóricos eram experimentados. O êxito da sua experiência foi enorme e logo outras escolas desse tipo foram abertas, não apenas nos Estados Unidos, mas também em um grande número de países.

Em 1919, Dewey viajou para o Japão, onde expôs suas idéias, principalmente em Tóquio, através de conferências e cursos. De lá foi para a China, onde trabalhou em várias cidades, com destaque para Nanquim e Pequim. Em 1924, trabalhou num projeto de reforma educacional na Turquia; com idênticos objetivos, atuou também no México, em 1926, e na Rússia, em 1929. Foram anos de viagens e contatos exaustivos, mas importantes para a expansão das suas idéias filosóficas e pedagógicas. Nos anos seguintes, Dewey dedicou-se à elaboração de seus livros, que já vinham sendo escritos desde 1887.

John Dewey produziu muito. Algumas das suas obras são consideradas fundamentais: "Psicologia" (1887), "Meu Credo Pedagógico" (1897), "A Escola e a Sociedade" (1899), "Teoria da Vida Moral" (1908), "Como nós pensamos" (1911), "Democracia e Educação" (1916), "A Filosofia em Reconstrução" (1920), "Natureza Humana e Comportamento" (1922), "Filosofia e Civilização" (1931), "Arte como Experiência" (1934), "Liberdade e Ação Social" (1935) e "Liberdade e Cultura" (1939).

Dewey faleceu em Nova York, a 1º de junho de 1952, com 92 anos e mais de 60 livros escritos.

Época e pensamento

Dirigindo as atividades de seus membros
mais novos e determinando-lhes, por esse modo,
o futuro, a sociedade determina
o seu próprio.

John Dewey

O *pragmatismo* é uma escola de filosofia que surgiu no final do século XIX e se fortaleceu no início do século XX. Tornou-se a ideologia do capitalismo ocidental, sobretudo nos Estados Unidos, onde o filósofo e pedagogo John Dewey é, sem dúvida, o grande nome desta maneira de pensar. O pragmatismo se espalhou rapidamente pelo mundo capitalista, inclusive no Brasil, tornando-se até mesmo um estilo de vida.

Para o pragmatismo o meio físico e social é feito de situações incompletas ou não resolvidas, que precisam se completar. O agente que resolve estas situações é o homem, o ser humano. As mudanças acontecem, então, através de uma dialética entre a ação humana e as situações que solicitam soluções. Estas mudanças resultam, a todo momento, em situações novas e problemáticas que o homem busca novamente resolver. Este movimento de mudanças físicas e sociais não acaba nunca e marca a evolução do mundo à custa da ação do homem. Esse ciclo de mudanças é a fonte de novas idéias para o ser humano, que as transformam em ações práticas, buscando, inclusive, melhorias, não apenas para ele, mas também para seus semelhantes.

Não existe, na verdade, um conflito entre o pensamento e a ação, entre o ideal e o real. O pragmatismo pretende uma integração entre a idéia e a ação, que assim integradas promoverão as mudanças no mundo. Esta ação dirigida pelo pensamento busca situações novas, que devem ser úteis à melhoria das condições da vida humana.

É evidente, então, que a reflexão, o pensamento, é um instrumento que opera a realidade para dela extrair verdades, idéias novas, que serão válidas na medida em que sejam vinculadas à prática do mundo. Os problemas humanos, sociais ou éticos serão objeto de reflexão. Na experiência cotidiana as idéias surgidas dessa reflexão poderão trazer as soluções para os problemas. Se justifica, dessa forma, a atividade humana, que age direcionada pela reflexão. Essa reflexão permitirá o enlace entre o pensamento e a experiência.

Por que estudamos História? Para compreender o passado e dele retirar os ensinamentos que possam ser úteis para o presente. Essa é uma das mais conhecidas visões pragmáticas. A noção de utilidade é, portanto, um dos pontos básicos do pensamento pragmático.

As idéias centrais

Desde a aurora da civilização o homem age por instinto. Sua ação é espontânea, impulsiva. Batendo uma pedra na outra produziu a fagulha e obteve o fogo; quando o animal perigoso o ameaçou, ele chamou os companheiros porque aprendeu que sozinho não dominaria a fera. Aprendeu também que dentro de uma caverna estaria mais protegido. A carne da caça era dura e precisava ser cozida. O frio intenso obrigou o uso da veste. O mecanismo se apresenta quase esquemático: o pensamento aponta para uma determinada necessidade; para que ela seja atendida, é preciso agir, primeiro sob impulso, depois pela reflexão. Assim, a ação se transforma em experiência, que, se for útil, ficará em uso, se for má, deverá ser abandonada para que se tente uma outra experiência. Essas experiências possuem uma finalidade bem clara: transformar o meio para atender às necessidades do homem. Nesse esforço, porém, o homem passa por transformações, estabelecendo-se uma relação dialética entre ele e o meio, até que se encontre uma solução satisfatória, ainda que momentânea. Nessa busca, a principal ferramenta é o pensamento, que procura a verdade na experiência.

O pensar é um acontecimento que não surge do vazio, do nada. O homem geralmente não vive momentos heróicos e gloriosos todos os dias. Não. As pessoas, desde crianças, vivem um cotidiano, uma vida diária, dentro da qual buscam resolver seus problemas comuns e satisfazer suas necessidades básicas. É sobre este cotidiano que o homem é obrigado a pensar, construindo até uma espécie de "imaginário", que será o seu material de conhecimento. Agindo, experimentando o conhecimento, ele vai aprendendo, captando as transformações do meio que o cerca, mudanças que o obrigam a novos conhecimentos, com os quais é necessário se ajustar. A criança, por exemplo, que até ontem estava livre e solta dentro de casa e hoje está dentro de uma classe, com restrições e novas maneiras de agir, vai ter que se ajustar a esta nova situação. Para resolver o seu problema existencial, ela pensa em uma solução e acaba se adaptando. Então, são os problemas, as situações problemáticas, os verdadeiros motivos para que o pensamento funcione. E tais situações aparecem nas mudanças do meio físico e social. Se houver sempre a mesma situação, ou se as condições ambientais forem sempre as mesmas, o pensamento não é solicitado, e, portanto, não se motiva, prejudicando o aprendizado. O cotidiano, sobretudo na vida contemporânea, não é mais estável nem igual em seus dias. As coisas acontecem rapidamente, mudanças a todo o momento, o pensamento tem que estar alerta.

O indivíduo tem que pensar e agir numa determinada situação para resolver que caminho tomar. Como se observa, o pensamento é sempre um caminho usado para resolver as experiências práticas visando modificações que tragam melhorias e utilidade. Na verdade, aprender é fazer, é fazendo que se aprende, usando o pensamento como instrumental.

Sua prática

As idéias de John Dewey foram postas em prática, transformando-se, então, num método pedagógico.

A escola é o espaço onde se realiza a relação aluno-professor. Mas este relacionamento não é algo acabado, pronto, formal. É no espaço escolar que se dá a educação como um processo dinâmico, vivo, onde o aluno aprende, aprende fazendo, experimentando, sob a direção do professor, que não o ensina a pensar, mas cria condições para que este pensar surja espontâneo e libertador.

O aluno, antes de ser um aluno, é um ser humano que não vive só. É um indivíduo que convive com outros indivíduos. Portanto, a educação é também um processo social, que começa na família, se desenvolve na escola e se aplica no trabalho. E o pensamento é o instrumento que o indivíduo possui para assimilar e reconstruir a sua experiência de vida no mundo físico e social.

Na verdade, na expressão do próprio Dewey, a escola é um instrumento social: é através dela que os indivíduos se socializam, trocam experiências e aprendem a viver em comunidade. O homem é, acima de tudo, um ser social, parafraseando Rousseau. E, em certo sentido, é a experiência direta, que a escola propicia, que se torna a fonte de apredizagem.

Todo trabalho de real aprendizagem visa, sem dúvida, o atendimento de necessidades cuja natureza varia de indivíduo para indivíduo. Por essa razão, é muito difícil aprender-se aquilo que não é interessante. Todo resultado da aprendizagem deve ser útil e eficaz no atendimento de necessidades que nos darão segurança, prazer e o sentimento que aprimoramos nossa existência, que evoluímos em nossa vida.

Estas são idéias que já preocupavam Dewey em sua juventude (como o demonstra o seu "Credo Pedagógico" de 1895) e se afirmam como um sistema nas suas obras da maturidade. Convém notar como a "experiência" e o "fazer", nunca se repetem, estão se refazendo a cada ação do homem; por isso mesmo a característica mais forte da filosofia de Dewey é a sua perene reconstrução.

O tempo de Dewey

John Dewey viveu tempos agitados da História dos Estados Unidos e do próprio mundo Ocidental.

Com as idéias do liberalismo, em meados do século XIX, os sistemas econômicos se transformaram. A burguesia era uma classe suficientemente definida para se mover com liberdade em suas atividades comerciais e suas disponibilidades de capital permitiam um investimento maior e sistemático.

A Revolução Industrial, portanto, teve seu início quando o capitalista burguês investiu nas ciências e transformou o seu instrumental teórico em novas forças de produção. O trabalho manual foi substituído pela força da máquina e surgiu a tecnologia, que tornou a produção surpreendente.

Máquinas e Expansionismo

No final do século XVIII, as oficinas européias, principalmente as inglesas, experimentaram uma novidade: o uso sistemático de máquinas na produção. Essa nova tecnologia tornou-se mais comum no século seguinte, com o advento da energia elétrica e o reaproveitamento do vapor. Foi a partir daí que os grandes empresários capitalistas formaram fábricas e complexos industriais, trazendo transformações em diversos setores. Os transportes, por exemplo, desenvolveram-se rapidamente para garantir maior facilidade na circulação de mercadorias. No aspecto social, a fábrica trouxe o crescimento das cidades e a formação do proletariado, uma classe de despossuídos que vivia do aluguel da sua força de trabalho. Todo esse processo foi batizado como Revolução Industrial.

Por volta de 1870, alguns países já se destacavam como potências industriais. Inglaterra, França e Alemanha eram os mais expressivos e disputavam entre si, acirradamente, mercados consumidores e fornecedores de matérias-primas. Em conseqüência, conquistaram territórios na Ásia e na África, onde destruíram as economias tradicionais e impuseram a monocultura exportadora. Esse novo expansionismo europeu ficou conhecido como Neocolonialismo e os conflitos decorrentes dessa disputa por colônias constituíram-se na causa essencial da Primeira Guerra Mundial (1914 a 1918).

O panorama das cidades se modificou: as chaminés se multiplicaram, indicando a presença das fábricas; os operários se aglomeraram em bairros populares e multidões se agitavam nas ruas atraídas pela possibilidade de emprego e trabalho.

As máquinas geraram quantidades enormes de mercadorias, que solicitavam mercados de consumo cada vez mais amplos. Por essa razão, inaugurou-se um expansionismo em direção à Ásia e África, conhecido como Neocolonialismo.

A Inglaterra, a França, os Estados Unidos, eram as maiores potências econômicas e a sua produção industrial atingiu cifras fantásticas.

Texas, Estados Unidos: no vilarejo de Borger, a indústria modificou a paisagem urbana (obra de Thomas Hart Benton, 1926).

É preciso considerar também que, pelos seus aspectos universais, a Revolução Industrial americana teve conseqüências econômicas e políticas da maior importância. Mas, talvez, as conseqüências humanas sejam as mais agudas, porque elas envolvem aspectos psicológicos individuais, como o espírito da concorrência e situações sociais, como a organização da família, a nova posição da mulher (que vai para a fábrica) e dos jovens, que vêem na indústria aspectos mais gratificantes do que na área de humanidades, sobretudo no primeiro quartel do nosso século.

Pela sua própria característica, a indústria estimulou o individualismo. O homem americano, que vivia em uma sociedade capitalista, sentiu bem a sua posição de indivíduo que lutava para sobreviver em uma sociedade competitiva.

Dewey se preocupou muito com a situação social e humana do seu país, que caminhava de maneira irreversível para o seu destino de sociedade industrial. Daí as suas idéias, que visam sobretudo uma educação socializante, no sentido de que a escola cumpra a sua missão de instituição social, tentando amenizar o individualismo industrial.

Por outro lado, Dewey viveu o tempo angustiante da crise de 1929, quando a Bolsa de Nova York quebrou e se estabeleceu o caos econômico no mundo capitalista, sobretudo ao nível dos países ocidentais.

A Crise e o Fascismo

Terminada a Primeira Guerra, os Estados Unidos despontaram como grande potência econômica mundial.

De maiores devedores do planeta, os norte-americanos transformaram-se no mais poderoso credor internacional. O faturamento do seu comércio externo saltou de U$$ 236 milhões para U$$ 1.25 bilhão em apenas seis anos. A prosperidade era tanta que o presidente Herbert Hoover fez uma declaração afirmando que o seu país estava destinado a erradicar a pobreza.

Esse otimismo, entretanto, tinha bases preocupantes, pois dependia muito da exportação de mercadorias e capitais, principalmente para a Europa devastada pela guerra. Por essa razão, quando os países europeus começaram a se recuperar, os industriais e banqueiros norte-americanos viram-se forçados a fechar linhas de crédito e resgatar empréstimos. Sem esse apoio, milhares de empresas européias faliram, provocando desemprego em massa. Com o encolhimento do mercado consumidor, as fábricas norte-americanas ficaram com sua produção estocada, desvalorizando as suas ações. Resultado: em 1929 aconteceu o *crash* na Bolsa de Valores de Nova York, levando investidores e empresas à nova bancarrota. Três anos depois, os Estados Unidos tinham 14 milhões de desempregados e centenas de bancos e empresas em processo de falência. No Brasil, essa crise provocou uma significativa redução nas exportações de café, determinando o fim do predomínio oligárquico na política.

Eleito presidente dos Estados Unidos no auge dessa tormenta, Franklin Delano Roosevelt apresentou um plano, o *New Deal*, que manteve os princípios democráticos (eleições livres, propriedade privada etc.), freou a produção industrial, criou empregos com obras públicas, subsidiou a agropecuária, e ajudou os mais pobres, entre outras iniciativas.

Estratégia parecida foi usada em diversos países da Europa, como a Inglaterra e a França.

Na Alemanha e na Itália, porém, deu-se uma outra solução. Diante da crise – e temendo o avanço socialista – os capitalistas apoiaram a formação de governos centralizadores, verdadeiras ditaduras militares. Foi nesse contexto que os alemães viram a ascensão do führer Adolf Hitler, enquanto os italianos saudaram Benito Mussolini como o seu *duce*. Esses líderes chefiaram Estados fascistas, que suprimiram as liberdades individuais, todas as formas de oposição e interferiram diretamente na economia.

New Deal e fascismo foram diferentes formas de enfrentamento da grande crise dos anos 20. Embora ambos fossem capitalistas, o choque de interesses gerou tensões que culminaram com a Segunda Guerra Mundial.

A economia dirigida que viria depois, com a prática do *New Deal*, mostrou que tudo precisava ser controlado pelo pensamento, pela reflexão, que seria, na verdade, a força condutora da ação. O *laissez-faire, laissez-passe* (deixar fazer, deixar passar, a economia livre) provou que era perigoso, e a sua aplicação um imprudente modo de agir econômico.

O americano sentiu a crise de 1929 e percebeu que era necessária uma reconstrução em termos racionais, uma reconstrução dirigida pela reflexão e pelo método. E, sobretudo, um sistema novo, que fosse útil e eficaz contra as crises e cujos resultados fossem basicamente práticos.

Nesse contexto, o pragmatismo de Dewey encaixava-se como uma luva. Até que ponto a crise tenha produzido a filosofia de John Dewey ou em que medida sentiu o filósofo o seu tempo, é difícil de precisar. Mas, a grande verdade é que quando a nação americana retomou seu caminho, o "american way of live", estruturado em uma educação prática e em uma ideologia que instrumentalizava o pensamento para o alcance de experiências de resultados práticos, o seu destino estava traçado: ser uma das maiores potências do mundo.

Outros países absorveram a ideologia sistemática de Dewey e, inclusive, a China e a Turquia o solicitaram para assessoria em reformas educacionais.

Duas guerras mundiais abalaram os tempos vividos por Dewey. Crises mundiais que ceifaram milhões de vidas humanas e deixaram o homem do século XX em um absoluto clima de medo e insegurança. Não é sem razão que pensamentos como o Existencialismo de Sartre e a Fenomenologia de Husserll pregavam uma vida mais livre de "tabus" e preconceitos, uma existência mais próxima das essências e, sobretudo, marcada por um profundo humanismo.

A crise dos anos 20: o modo americano de viver e a fila de desempregados.

Essas crises repercutiram intensamente no pensamento e na obra de John Dewey. Para elas, ele não apresentou soluções, mas ofereceu fecundas sugestões. A educação liberal, a educação que promova a vida humana em uma sociedade equilibrada, não é uma receita, mas uma indicação, pois se evidencia que um homem educado para viver em comunidade, animado por ideais práticos de utilidade geral, não faz guerra, porque sabe que o único objetivo da guerra é a morte e a destruição.

Não seria válido afirmar de modo categórico que o pensamento de Dewey seja um fruto de sua época, porque a força criativa da filosofia crítica e sistemática não depende apenas do seu momento histórico e social; mas é verdade também que o pensamento filosófico não se isola nunca do tempo em que ele foi criado. Há, isto sim, uma eterna dialética entre o homem que pensa e o tempo por ele vivido.

O contato com outros pensadores

Hegel, o filósofo criador da Fenomenologia da consciência, com a sua visão sistemática e orgânica da experiência sensível e da razão, foi, sem dúvida, um pensador que marcou a formação filosófica de John Dewey. A força do pensamento que dialetiza a consciência e que procura as essências da experiência, impressionou Dewey, como se nota ao longo da sua produção e da sua criatividade.

Francis Bacon, Locke e os empiristas ingleses inspiraram o método para Dewey, ainda que ele se diferencie principalmente nas etapas ou nas diferentes fases da experiência. Diferenças de conteúdo ou de nomenclatura, mas o procedimento metodológico é o mesmo. Se Bacon fala em uma primeira fase de observação, Dewey recomenda a tomada de consciência; se Locke fala em hipótese, Dewey preceitua sugestões para resolver o problema. Como se vê, são nomenclaturas diferentes para uma mesma metodologia.

Em seus objetivos, o empirismo inglês, entretanto, não se prende ao pragmatismo. David Hume fala de impressões, Locke de idéias inatas e George Berkeley afirmava enfaticamente que "seus alunos não existiam mais quando ele se retirava da classe". Esse valor exagerado que os empiristas davam às impressões sensoriais não estão presentes em Dewey. Ele tem uma visão mais global, incorporando as sensações em um sistema, do qual aparece como componente indispensável, o raciocínio ou o proceder rigoroso da razão.

É proveitoso também comparar o pensamento de Dewey com o socialismo de Karl Marx, e até mesmo com o programa educacional de Vladimir Lênin, o líder intelectual da Revolução Russa de 1917. E torna-se mais curioso ainda quando se considera que Dewey é o filósofo do capitalismo, enquanto que Marx é o responsável pela ideologia socialista.

Marx afirma: "A filosofia foi até agora vã e inoperante, cumpre transformá-la em uma força de mudança da natureza e da sociedade". É claro que Marx preceituava uma filosofia que se apoiasse em uma prática; a reflexão filosófica, por si só, não seria capaz de mudanças tanto sociais quanto científicas. E vai mais longe, pois a sua dialética é materialista enquanto luta dos contrários, não em um sentido conceitual, mas concreto e prático. Por outro lado, é interessante lembrar que Lênin e sua companheira Nadejda Kroupskaia formularam um programa educacional globalizante, uma espécie de ensino politécnico, onde um homem aprenderia tudo aquilo que um currículo pudesse oferecer. A escola, como afirmavam as lideranças russas, deveria ser um centro de disseminação do socialismo, ensinando em primeiro lugar, como os homens devem se socializar e viver em comunidade.

Dewey não apenas se vale da reflexão como uma força que conduz à experiência e à ação prática, mas também prefere uma formação global e, acima de tudo, o compromisso com o social . A pedagogia pragmática, ideologicamente presa ao capitalismo e considerada uma filosofia educacional da burguesia, se relaciona com uma pedagogia destinada sobretudo aos países formados nas condições do capitalismo industrial.

As Guerras Mundiais

O século XX conheceu níveis de violência sem precedentes. Teve duas guerras — consideradas mundiais porque envolveram diversos países e quatro continentes — que mataram mais de 60 milhões de pessoas e destruíram cidades e plantações.

A Primeira Guerra opôs dois blocos de países altamente industrializados, que lutaram pela conquista de territórios fornecedores de matérias-primas e mercados consumidores. A Tríplice Aliança (Alemanha, Áustria-Hungria e Itália — que depois mudou-se de lado) foi vencida pela Tríplice Entente (Inglaterra, França e Rússia — que deixou a guerra em 1917, após a entrada dos Estados Unidos no conflito). Trazendo reforços materiais e humanos, os norte-americanos mudaram a sorte do conflito, que nas primeiras lutas mostrou-se favorável aos países da Aliança.

Foi uma guerra marcada pelo uso de novidades tecnológicas, como o gás venenoso, os veículos blindados, a aviação e o submarino, invenções decorrentes do avanço científico estimulado pela Revolução Industrial.

Os vencedores impuseram pesados tributos aos vencidos, obrigando-os a pagarem elevadas indenizações e cederem territórios. Nessa retaliação, a Alemanha foi a mais atingida. Estava lançada a semente de um novo conflito.

Com a crise dos anos 20 e a ascensão de governos fascistas viu-se os primeiros sinais da próxima guerra. A Alemanha expandiu-se na Europa, enquanto a Itália ocupou a Abissínia (atual Etiópia, África), e os japoneses — também com governo autoritário e militarista — ocuparam ilhas do Pacífico e territórios da China.

Em 1939, a invasão alemã na Polônia detonou a luta. De um lado, as democracias liberais, comandadas por França e Inglaterra; de outro, as ditaduras do eixo Roma-Berlim-Tóquio.

Mais uma vez a investida alemã parecia impossível de ser contida. Apenas a Inglaterra resistia, enquanto que no leste a União Soviética permanecia neutra graças a um pacto firmado entre os ditadores Adolph Hitler e Joseph Stálin.

No ano de 1941, porém, os ventos mudaram. Um fracassado ataque japonês à base norte-americana em Pearl Harbor (Hawaí) foi o pretexto para que os Estados Unidos entrassem no conflito.

Com o seu território preservado e sua indústria produzindo na capacidade máxima, os Estados Unidos contribuíram de forma decisiva para a vitória das democracias. Enviando milhares de homens e milhões de toneladas de alimentos, remédios, armas e equipamentos, os norte-americanos bateram os italianos, cercaram os alemães na Europa e na África e ajudaram os russos a vencê-los definitivamente. Na Ásia, os fuzileiros dos Estados Unidos recuperaram, uma a uma, as ilhas ocupadas pelos japoneses. Em 1945 veio a derrocada final: dois bombardeios atômicos liquidaram com a resistência do Japão e mostraram ao mundo que os Estados Unidos era a maior potência militar do planeta.

Com o fim da mais destruidora das guerras, o mundo ficou bipolarizado: os norte-americanos liderando países capitalistas e os soviéticos influenciando as nações socialistas. Uma divisão ideológica responsável pela tensão conhecida como "Guerra Fria".

O liberalismo de Dewey, por sua vez, o afastou das ideologias socialistas. Consciente da importância das crises que o seu país atravessou e atravessava, sabia que a democracia como ideal político era o modelo para o equilíbrio social. Para esse modelo político, Dewey propunha uma cultura formal pragmática, isto é, que enfatizasse os critérios de utilidade e de eficácia para o bem-estar social e físico da sociedade humana. É nesse ponto que o seu liberalismo se afasta da ortodoxia de Adam Smith e de seus seguidores próximos. E, realmente, é o caso de pensar, quem não seria favorável a uma filosofia que privilegiasse os bons resultados da experiência, em seus critérios de prazer e utilidade?

Em sua formação, Dewey cruzou com Pestalozzi, Herbert Spencer, Rousseau, Darwin e tantos outros pensadores, não apenas da sua época, mas também aqueles que marcaram a sua presença de maneira significativa ao longo da História da Filosofia. Por isso, em sua obra encontramos a integração da consciência com o mundo de Hegel, a valorização da experiência prática dos empiristas ingleses, a preocupação do social de Rousseau, o humanismo de Pestalozzi, o evolucionismo de Spencer e Darwin e a socialização de Marx.

Reconstrução e atualidade

John Dewey foi um filósofo que procurou superar os problemas da sociedade do seu tempo, com uma ideologia que fosse, antes de mais nada, uma tentativa de equacionar os aspectos de um tempo e as necessidades de uma sociedade que ainda não estava pronta para esses tempos novos.

A Revolução Industrial trouxe mudanças, algumas das quais criaram uma nova série de dificuldades para o cotidiano e até mesmo para a sobrevivência dos homens. As fábricas se multiplicavam, no seu interior se aglomeravam numerosos operários, o perfil das cidades se transformou por completo: cidades pacatas, de viver tranqüilo, explodiam demograficamente, e a multidão invadia as ruas, as praças, os logradouros públicos. A vida ia se tornando cada vez mais difícil. Viver em Nova York, por exemplo, tornou-se um problema e arranjar emprego nas cidades grandes tinha como condição indispensável uma boa formação tecnológica. A indústria, o avanço da técnica e da própria ciência, transformaram o núcleo das necessidades humanas. É evidente que não se pode perder tempo com as coisas inúteis, mesmo porque *time is money*. A competição, a corrida para o sucesso econômico, a satisfação de necessidades sociais e físicas, dentro de uma multidão, poderiam até construir "a personalidade neurótica de nosso tempo", como disse a psicanalista Karen Horney.

Uma educação de ordem prática era uma necessidade inadiável. Ninguém poderia supor, seja nos grandes centros urbanos e até mesmo em áreas rurais, que fosse adotada uma educação humanística, voltada a um currículo refinado, onde se incluiria lições de boas maneiras. Aqueles dias exigiam soluções práticas, rápidas. Refletidas sim, mas dirigidas a soluções, ou pelo menos a sugestões, que pudessem resolver os problemas emergenciais. O pragmatismo de Dewey surgiu, então, como uma espécie de ideologia de superação do homem face aos novos problemas. Aprender aquilo que interessa é uma necessidade, como também é indispensável a solidariedade, o viver em comunidade, contar com os outros e ajudar seus semelhantes. Esses preceitos são normas ditadas pela lei da sobrevivência.

O individualismo americano teve que ceder às novas contingências e superar as suas próprias estruturas. O prédio de apartamentos, os bairros, as organizações beneficentes religiosas e profissionais começaram, então, a se desenvolver, buscando no coletivo soluções práticas e, de certa maneira, úteis pela sua própria natureza.

Medicina socializada, assistência social em instituições religiosas, sindicatos, associações de amigos de bairro, entre outras, apareceram para atender às necessidades práticas, não apenas do povo, mas das classes médias, donas, inclusive, da maior parte das profissões liberais.

Por outro lado, o mundo passou por crises profundas, como a presença de duas guerras mundiais dilacerantes e destruidoras. Os homens emergiam do conflito descrentes e sem ânimo para lutar pela vida. Era necessário reconstruir, recomeçar, e para isto era necessário que um pensamento, de certa maneira otimista, pudesse servir como estímulo a uma nova ordem social e política. Para isto, em primeira instância, aparecia a educação como um meio de recuperação. Educar era uma tarefa que precisava de uma sociedade unida, enlaçada por um mesmo ideal. Educar para a democracia, para a liberdade da cidadania, formando para isto seres humanos, cidadãos fundamentalmente úteis e eficazes para a sociedade e para o Estado.

A guerra era uma "irracionalidade", como o próprio Dewey acentuava, e a reflexão pragmática seria, sem dúvida, o instrumento adequado para o momento que o mundo atravessava. Era necessário evoluir, transformar com base em uma filosofia de reconstrução.

A própria moral, ou seja, o comportamento ético, estava em reconstrução no mundo e Dewey considerou essa contingência.

Com o progresso da ciência médica e com as alterações sociais da época, surgiram muitas situações novas, que deviam ser avaliadas com outros métodos. Os novos problemas morais intimamente relacionados com a vida, sugeriam experiências novas que, em um certo sentido, envolviam a religião, a moral e até o Direito.

É oportuna a observação de Eustáquio Duarte, na introdução da edição brasileira de "Liberdade e Cultura": "A grande crise que vai pelo mundo é, para Dewey, uma crise de cultura. A civilização contemporânea padece de sensível retardamento cultural. Dewey acena para um caminho: a extensão dos novos caminhos e da nova moral científica a todos os planos da formação da cultura". Palavras de 1953, que ecoam com intensidade e adequação para os dias atuais.

Por outro lado, Anísio Teixeira, na introdução da edição brasileira de "Liberalismo, Liberdade e Cultura" lembrou que, para Dewey "democracia envolve a crença de que as instituições políticas e a lei, levando fundamentalmente em conta a natureza do homem, fazem as instituições adequadas para o livre e perfeito desenvolvimento da vida humana".

Criticar Dewey?

O pragmatismo de Dewey não é bem aceito por intelectuais e mestres presos à ideologia marxista ortodoxa, embora o autor de "O Capital" e Dewey tenham pontos em comum. Em alguns livros, inclusive, Dewey é apontado como o filósofo da burguesia. Realmente Dewey é, antes de mais nada, um pensador americano que acredita na democracia, no liberalismo, e por conseqüência experimenta e vivencia a sua pedagogia em um sistema econômico regido pelo capitalismo.

Não se poderia esquecer também que os alunos de Dewey são provenientes das chamadas "democracias burguesas"; por esta razão, seus métodos pedagógicos talvez sejam mais preferidos para este tipo de clientela. Não se pode pensar em pragmatismo pedagógico com classes abarrotadas e escasso material escolar. A realidade escolar da América Latina e do Brasil não se parece com o ideal pedagógico de John Dewey. Desta maneira, as idéias de Dewey estariam mais dirigidas a uma certa elite, o que sugere um aluno surgido de classes sociais de bom poder aquisitivo ou, pelo menos, que provenham das classes médias. O ensino popular dirigido pelo pragmatismo americano encontraria, seguramente, alguns problemas em seus objetivos. É preciso pensar que "aprender fazendo" exige um mínimo de material pedagógico e uma situação de clientela, que não se encontram, de maneira alguma, nas classes populares. Mas é também relevante se cogitar que Dewey sempre acreditou em uma escola para todos.

Mesmo trabalhando com classes mais favorecidas, idealizou um programa educacional igual para todos, onde todos teriam a oportunidade de reconstruir as suas experiências usando o pensamento como instrumento. Parodiando E.P. Thompson (historiador inglês contemporâneo, pertencente à Escola de Frankfurt), diríamos que Dewey "esqueceu a experiência humana". Por quê? Porque a realidade psicológica de cada um não é a mesma. Os universos mentais são cheios de conflitos, de contradições e indecisões que se expressam com evidência no cotidiano, na vida diária. Comportamentos, portanto, desiguais, que freqüentemente fazem da sala de aula um espaço de tensões. Os indivíduos se encontram na escola, mas levam até ela os problemas do trabalho e da família, e até quadros neuróticos e ansiosos, tão comuns na complexa estrutura da sociedade contemporânea.

Nem sempre as pessoas se interessam por coisas úteis e práticas. Os estudos da filosofia pela filosofia, as preocupações metafísicas, como também o gosto pela leitura de poesias, não oferecem, pelo menos de imediato, nenhum interesse prático, de aplicação rápida no mundo material e até mesmo social. Mas as pessoas, inclusive jovens, procuram áreas de especulação lógica ou indagação abstrata porque o seu estímulo é este, não se incomodando muito com os seus resultados pragmáticos.

É preciso considerar também a questão da "natureza" humana. Lafon e a Psicologia francesa definem "natureza" como um "terreno constituinte", ou, ainda, a estrutura básica de cada indivíduo.

A natureza humana é formada por um conjunto de elementos que poderiam ser classificados como elementos natos (hereditários e congênitos) e como elementos adquiridos através da aprendizagem, como a socialização e a vida afetiva.

Indivíduos com limitações de ordem física, como surdez ou deficiência visual, não terão a mesma natureza daqueles que gozam de boas condições sensoriais. Outro exemplo: crianças superprotegidas não serão adultos iguais àquelas que experimentaram maior liberdade de iniciativa.

É preciso, então, considerar que a educação democrática, igual para todos, talvez não seja uma realidade; antes, na verdade, "uma ilusão pedagógica". A natureza humana, tão diferenciada, teria que obter na escola um tratamento diversificado, para que cada um reconstrua a sua experiência, a seu modo, e de acordo com os seus próprios estímulos e motivações.

Até que ponto procedem as críticas? Que cada um julgue por si e faça a sua avaliação. Sem esquecer, entretanto, aquilo que Mário Manacorda escreveu em sua *História da Educação*: "Dewey pode ser considerado como um dos mais geniais observadores das relações entre educação e produção, entre educação e sociedade e o seu 'aprender fazendo', como centro da unidade de instrução e trabalho".

E convém não esquecer também a serenidade dogmática de Dewey quando ele escreveu: "A democracia sempre correspondeu a um sentimento de fé nas potencialidades da natureza humana".

REFLEXÃO E DEBATE

1. Aprender é fazer. Esta afirmação condensa o pensamento pedagógico de John Dewey. Por que, e sobretudo no Brasil, o método de Dewey não foi adotado?

2. A educação tradicional privilegiava o aprendizado teórico e convenhamos preparou gerações. Dewey prefere a experiência e depois reflexão. Debata sobre este dualismo conceitual.

3. A filosofia é antes de mais nada uma reflexão crítica e sistemática sobre a problemática humana e social. A filosofia de Dewey é crítica e sistemática? Explique.

4. O pragmatismo é um modo de pensar, no qual o comportamento só é válido quando se dirige a objetivos úteis. Esta afirmação tem validade universal?

TEMAS

Não se pode identificar a vida
com qualquer ato e interesses superficiais.

John Dewey

DEWEY E A EDUCAÇÃO

As idéias de Dewey sobre o processo educacional, estabelecem os elementos fundamentais deste processo: de um lado, a criança; de outro, a família e a escola, ou seja, o adulto. Por isto, Dewey examina o mundo infantil em suas relações com o universo adulto, fazendo uma série de reflexões ricas de conteúdo, mas passíveis de críticas.

Há um princípio estabelecido por Dewey: as relações entre a criança e o adulto devem ser livres e completas, para que haja uma interação, essencial para o bom desenvolvimento da aprendizagem. É fácil a formulação do princípio em teoria, mas é problemática a sua aplicação na prática. Na verdade as relações entre o mundo infantil e o adulto são muito complexas. Dificilmente o adulto se coloca em posição de igualdade com a criança. O sentimento de autoridade é relativamente indispensável dos pais, professores e quem quer que se relacione com crianças. E a expressão dessa autoridade, seja por palavras, atos ou gestos é fortemente sentida pela criança que passa ao temor, e provavelmente se distanciará do adulto; ela "fugirá" do convívio com pessoas mais velhas e o contato referido por Dewey estará prejudicado. Uma das maneiras de se tornar mais fácil ou mais ameno este relacionamento, segundo Dewey, é que se conheça algumas noções do comportamento e da personalidade da infância.

O mundo Infantil

O universo da criança é especificamente construído por interesses pessoais, isto é, com elementos que interessem diretamente a ela, e que ela entenda bem a natureza destes elementos. É bastante provável, por exemplo, que uma criança permaneça indiferente, ao saber que abriram-lhe uma caderneta de poupança; ela, todavia, entrará em ritmo de alegria quando pressentir que ganhará um brinquedo. Ela gostará muito de saber que seus amigos virão visitá-la, ou que seus pais irão fazer uma viagem com ela. Há, portanto, no universo infantil uma certa distância das instituições e até mesmo das leis que sejam externas ao seu meio físico e social. Este já é um ponto que precisa ser compreendido pelo adulto.

As dificuldades não estarão apenas no relacionamento com os pais ou mestres. Os programas a serem cumpridos nas primeiras fases da educação escolar nem sempre atendem à natureza infantil, e freqüentemente entram em contradição com os aspectos mais significativos desta natureza.

Outro aspecto importante, ainda segundo Dewey, é que a sua visão de mundo é integral e única. Ela não separa as diversas facetas da sua vida: a mãe, os irmãos, o avô, a casa, formam um todo indissolúvel. Tanto é assim que quando vai para a escola, a criança tem que sofrer uma série de adaptações ao novo meio porque ela pensa, ou vai agir, como se a escola fosse uma continuação da sua casa.

Vejamos inclusive como o próprio Dewey enuncia este sentido da globalização da vida infantil: "Além disto, a vida da criança é integral e unitária: é um todo único. Se ela passa, a cada momento, de um objeto para outro, como de um lugar para outro, fá-lo sem nenhuma consciência de quebra ou transição. Não há isolamento consciente nem mesmo distinção consciente. A unidade de interesses pessoais e sociais que dirige sua vida contém coesas todas as coisas que a ocupam. Para ela aquilo que prende seu espírito, constitui, no momento, todo o universo que é, assim, fluido e fugidio, desfazendo e refazendo-se, com espantosa rapidez". (*Vida e Educação*, pág. 52).

É necessário que se compreenda bem o pensamento. Ele não quer dizer que a criança em seu comportamento seja volúvel e inconstante, como poderia parecer ante a leitura do pequeno texto acima transcrito. A criança, isto sim, faz e refaz a sua realidade com extrema facilidade. Ela dormirá em uma festa se sentir sono, perderá um amigo, mas logo arranjará outro, já que é muito difícil uma criança viver só. E, além disto, o que parece muito importante: o seu mundo de fantasias não pára de se renovar e se refazer. Tanto assim que o mundo predileto da criança é o parque de diversões, o mundo da fantasia. Ela estará dando asas abertas ao seu sonho, usando os brinquedos do parque. Note-se que dificilmente ela se satisfará com um único brinquedo. Seguramente ela solicitará, se possível for, usar todos os brinquedos do parque.

Em uma análise brevíssima da vida infantil se percebe, de pronto, a dificuldade que surgirá em seu relacionamento com o professor, com os pais, com o mundo adulto enfim. Na verdade acontecerá um encontro entre a vida institucional e regrada por normas dos adultos e o mundo livre, fantasioso e espontâneo da criança. É evidente que se trata de um encontro difícil, mas principalmente o professor, o responsável pela aprendizagem, se souber ou procurar conhecer alguns aspectos do mundo infantil, terá seguramente uma possibilidade maior em se relacionar de maneira integral com a criança.

O mundo escolar

Sem qualquer dúvida, esta criança, acostumada com a liberdade da sua casa, com a benevolência dos pais, com a segurança do meio familiar, um dia vai à escola e sua adaptação à vida escolar terá alguns problemas. De pronto, ela não entenderá a utilidade das coisas que vai aprender, porque a ela serão transmitidas noções fortemente abstratas, sobre tudo, se a sua escola obedecer padrões tradicionais de ensino. Os números da matemática são abstratos, como também o são os continentes da geografia que ela nunca viu. Vejamos as próprias palavras de Dewey: "Vai ela para a escola. E que sucede? Diversos estudos dividem e fracionam o seu mundo. A geografia seleciona, abstrai e analisa uma série de fatos do ponto de vista particular. A aritmética é outra divisão, outro departamento, a gramática e assim indefinidamente. Não é só isso. A escola classifica ainda cada uma das matérias. Os fatos são retirados do seu lugar original e reorganizados em vista de algum princípio geral. Ora, a experiência infantil nada tem que ver com tais classificações; as coisas não chegam ao seu espírito sob este aspecto. Somente os laços vitais da afeição e de sua própria atividade prendem e unem a variedade de suas experiências sociais". (Op. cit. pág. 53).

Vale comentar as afirmações de Dewey sobre a vida escolar e o ingresso da criança neste espaço educacional.

Além de abstrações usadas pedagogicamente, a escola classifica e organiza as coisas do mundo físico e social, sob critérios e princípios, até mesmo de maneira metódica. Mas esta maneira de organizar a aprendizagem é muito rígida para a criança, que não sabe como se mover neste verdadeiro cadastro de informações. A pátria, a família, a propriedade, a justiça são instituições que surgem reunidas até mesmo nos livros, formando uma unidade sociopolítica, que a criança jamais globalizará em sua percepção e, portanto, em sua mente. Ela reunirá pais, irmãos e avós em critérios afetivos: não acolherá neste grupo familiar algum irmão que não goste ou até mesmo, o pai ou a mãe, se tiver por um deles algum ressentimento ou queixa. Ela gostará dos seus parentes, fará comentários sobre alguém, escolherá entre o mal e o bem, de acordo com os critérios da sua afetividade, que norteia e conduz a sua experiência social. E nem sempre as opiniões das crianças são coerentes ou ordenadas, porque o sentimento não é coerente nem mesmo ordenado. E, certamente, são por tais razões que a adaptação da criança à vida escolar não é fácil nem rápida.

O outro lado, isto é, o adulto, é aquele que dirige a escola, é o professor e o encarregado da disciplina das crianças. E este mundo adulto está cheio de regras e normas. Os fatos que serão transmitidos às crianças, têm necessariamente que ser ligados por uma ordem lógica, e o próprio conteúdo da aprendizagem tem que ser dividido em "matérias" rigorosamente classificadas de acordo com seus objetivos específicos. Assim é que a geografia tem o seu espaço bem definido, o mesmo acontecendo com as letras, as matemáticas e outros campos do conhecimento.

Existe também o problema da disciplina escolar que por vezes chega a ser rigorosa demais. A criança é praticamente arrancada do seu pequeno mundo familiar e colocada em um ambiente que lhe é estranho e no meio do qual ela deve se comportar de maneira determinada pelos responsáveis da disciplina escolar. Ora, é evidente que vai ocorrer um choque inevitável entre o mundo infantil e o mundo adulto, com sérios prejuízos para o processo da aprendizagem. É claro que a criança não tem grandes condições para se adaptar ou até reformular alguns aspectos do seu comportamento. Cabe, portanto, ao adulto, e esta é a grande lição de Dewey, reformular as suas próprias atitudes ante o mundo infantil, procurar compreendê-lo e tentar se integrar a esse universo, pelo qual é responsável.

Não se trata de uma tarefa fácil, pois "temos, entretanto, suficientes divergências fundamentais: 1º) o mundo pequeno e pessoal da criança contra o mundo impessoal da escola, infinitamente extenso no espaço e no tempo; 2º) a unidade de vida da criança, toda afeição, contra as especializações e divisões do programa; 3º) a classificação lógica de acordo com o princípio abstrato, contra os laços práticos e emocionais da vida infantil". (Op. cit. pág. 54).

As observações de Dewey são importantes na tentativa de solução de um dos mais significativos problemas da pedagogia. É claro que sem a integração da sua vida emocional com o universo conceitual, a criança que ingressa na realidade escolar pode não conseguir um aproveitamento e um desenvolvimento razoável. A crítica de Dewey mostra que não é difícil a prática; é suficiente, por parte do educador, uma certa tolerância e a compreensão de que o mundo infantil tem determinadas características, das quais não se pode afastar a criança caso se deseje que ela tenha um bom aproveitamento em todos os níveis, notadamente nos seus primeiros tempos de escolaridade.

As reformulações pedagógicas: o grande valor dos brinquedos, jogos e ocupações.

Prosseguindo nas análises e nos comentários das idéias de Dewey a respeito da educação infantil, vale uma abordagem sobre seus conceitos em torno das atividades práticas da criança. Como o próprio Dewey aponta, na "República" de Platão já existem várias considerações a esse respeito. Segundo o grande filósofo grego, a escolaridade das crianças deveria ser iniciada com jogos especiais e exercícios que favorecessem, principalmente, os movimentos da criança, o equilíbrio e o controle desses movimentos, o que seria, na verdade, uma abordagem psicomotriz do assunto, noção essa que os gregos conheciam apenas por intuição. Bem mais tarde, Pestaloze e Froebel sistematizaram e colocaram a prática dos brinquedos e dos jogos para as crianças em uma teoria prática, principalmente Froebel, que é o virtual fundador dos "jardins da infância".

Dewey se aproxima muito destes pontos de vista, pois se trata de uma questão amplamente discutida na sua filosofia: "aprender é fazer". O lugar do exercício das funções do corpo no desenvolvimento do espírito foi praticamente reconhecido. "A aplicação do princípio, entretanto, ainda estava prejudicada e falseada por uma fisiologia e psicologia errôneas. A contribuição direta para o crescimento, feita pelo uso livre e completo dos órgãos do corpo em contato com objetos materiais e com realizações práticas de projetos, não era ainda compreendida." (Op. cit., pág. 143).

As contribuições dos estudiosos do assunto foram realmente muito importantes, mas faltava-lhes talvez o essencial. É bem verdade que as relações entre o corpo e o espírito ficaram bem claras, de tal maneira que não se podia pensar em um desenvolvimento intelectual separado do desenvolvimento físico, mas faltava dar às atividades físicas um sentimento prático, para que a criança entendesse a utilidade dos jogos e dos brinquedos nos quais se envolvia. É necessário que se compreenda que todo brinquedo e todo jogo têm um aspecto simbólico e neste sentido é necessário que se tenha um grande cuidado na manipulação desses jogos e brinquedos para que não haja a compreensão errada desses mesmos símbolos. Em um teatro de bonecos, por exemplo, para crianças da primeira infância, é sempre necessária a presença concreta do mal e do bem e que esse mal seja sempre derrotado pela força do bem. Por outro lado, a construção de brinquedos com qualquer tipo de material dá à criança e ao adulto uma noção muito grande da sua própria possiblidade de construir coisas, que, no final de contas, indica para esta criança a sua própria ação como um meio útil na execução de projetos também úteis. Temos que acrescentar, por outro lado, que o relacionamento entre corpo e o espírito fica compreendido de maneira muito específica, isto é, aquilo que o corpo executa é compreendido pelo intelecto, que ensina este mesmo corpo para as próximas experiências, como fazer e como conseguir seus objetivos. Se uma criança consegue brincar com algo que ela mesma fez, ela mesma vai se sentir altamente gratificada com a situação e aprendeu de maneira definitiva como fazer e como executar alguma coisa útil para ela.

    Algumas observações devem ser levadas em conta: não devem ser usados brinquedos e jogos complexos e complicados, materiais inclusive já prontos para serem entregues para a criança. É neste sentido que quanto menos mecânicos forem os jogos e mais simples os seus materiais oferecerão maiores resultados. Para a criatividade da criança, por exemplo, os jogos eletrônicos não levam a nada, eles são programados e repetitivos, não permitindo à criança qualquer possibilidade de construção. Nos jardins de infância atuais, não somente nos Estados Unidos, onde a teoria de Dewey é amplamente aplicada, mas também em outros países, já não são usadas complexas peças mecânicas, mas sim, materiais que permitam à criança uma livre e espontânea manipulação, que objetiva a construção de alguma coisa.

Atividade construtiva

O "fazer da criança", tendo em vista a construção de alguma coisa, evidentemente vai operar alguns materiais indispensáveis para a execução do seu projeto. Mas há certamente uma escala de materiais que vão desde os mais simples até os mais complexos. Em um primeiro momento a criança poderá usar o giz, o pincel, fios plásticos, e até mesmo massa para modelagem; preparada suficientemente pelos materiais iniciais, a criança já pode entrar em uma situação mais desenvolvida e que se use a superposição da ação de uma coisa sobre outra, inclusive modificando-a, ela poderá cozer algum alimento, como os legumes e verificar a ação da água sobre o preparo desses alimentos; poderá também observar o crescimento de uma pequena planta, que ela cravou na terra, para que observe a força da terra como força que germina e dá frutos. Em uma fase mais adiantada, poderão ser usados instrumentos mais complicados como a peça, a serra, o martelo, na execução de objetos de uma ordem quase artesanal.

É necessário observar que a técnica recomendada por Dewey não se limita, é óbvio, a um preparo de ordem meramente física, como se estivéssemos preparando apenas o desenvolvimento físico e até profissional da criança que se destinaria a saber executar trabalhos manuais. A questão toda se resume em pensar que esta criança que aprendeu a construir coisas materiais, vai transferir os resultados da sua experiência para o desenvolvimento do seu universo conceitual. O indivíduo que colocou em uma determinada organização os materiais para que construísse alguma coisa, já aprendeu que para chegar a alguma conclusão intelectual é necessário também uma certa ordem lógica, sem a qual é impossível a construção de um universo mental organizado com significados compreensíveis. Da mesma maneira que ele aprendeu a construir uma pequena caixa e que precisará de madeiras de um determinado tamanho e reunidas em uma determinada forma, ele compreenderá também que sua própria vida afetiva, a sua vida familiar e a sua vida social também necessitam de elementos reunidos em uma determinada ordem para que seja compreensiva.

Por outro lado, é preciso pensar que a imaginação, ou o mundo imaginário da criança, exerce uma função extremamente importante. "Por certo tempo as crianças se satisfazem com as transformações que podem operar com suas próprias mãos e pela locomoção e transporte. Outras mudanças que não conseguem efetuar por estes meios, satisfazem-nas imaginativamente, sem necessidade de mudanças físicas. Vamos "brincar de", vamos "fazer de conta" que as coisas são assim e assim; e isso lhes basta". (Op. cit., pág. 148).

Esse detalhe é um dos mais curiosos do universo psicológico da criança. A sua imaginação não conhece limites e transforma toda uma situação real definida em uma outra que nem sempre possui contornos bem definidos. Quando uma criança brinca "de casinha" ela usa pedaços de lata como pratos, pedacinhos de pau como talheres e pedrinhas como alimentos, uma outra criança pode enfeitar e adornar um caixote velho e transformá-lo em um avião de seu uso particular. Então se estabelece um dualismo entre aquilo que a criança fez e o uso que destinou para aquilo que construiu. Se poderia falar até em um mundo imaginário e em outro mundo material, mas a grande verdade é que se ela não usasse os pedaços de lata, os gravetos e as pedrinhas para a construção da sua sala de jantar, a sua imaginação não teria os elementos necessários para sua evolução. Se conclui, então, não exatamente pela existência de um dualismo, mas de dois mundos que se unem e se completam, e para que isso aconteça é necessário que a criança disponha de liberdade suficiente para a execução dos seus projetos a nível de jogos e brinquedos.

A atividade intelectual da criança

É preciso que fique bem claro que as recomendações de Dewey sobre as atividades dos jogos, do brinquedo e até do trabalho, não só no mundo infantil como também da fase adolescente, não teriam nenhuma validade se elas não requeressem também a atividade intelectual. Quando os materiais estão à disposição do indivíduo é a sua capacidade intelectual que vai organizar, reunir aqueles materiais de uma determinada forma para que eles assumam, organizados, o sentido e o significado que o indivíduo desejou atribuir ao seu trabalho. Assim é que eu devo saber quais as quantidades necessárias e certas de água, areia e cimento para que eu consiga "a massa destinada ao meu trabalho de cimentar alguma coisa". É muito importante também que se tenha em vista o objetivo, a finalidade do objeto, do instrumento ou até mesmo de uma situação que criamos. Deve-se observar que a questão do objeto é inteiramente intelectual, porque nos orientamos nos trabalhos e até na nossa diversão para algum fim definido em um conceito: eu não vou fabricar a massa do cimento se eu não possuir, para ela, uma finalidade predeterminada pelo meu pensamento, ou pela minha inteligência.

Então, deve-se colocar em atividades lúdicas ou de trabalho, uma finalidade que sejá de utilidade. Por exemplo, se ensinarmos uma criança a fazer uma caixa de papelão e não se der a essa caixa alguma utilidade, dificilmente ela fará outra com o mesmo esmero e cuidado. É a utilidade daquilo que ela fabricou que dá sentido ao seu trabalho, da mesma maneira que ela vencer um jogo, usar um brinquedo, vai ser para ela, uma condição de grande utilidade: no primeiro caso ela terá satisfeita a sua necessidade de auto-afirmação, no segundo caso ela terá o prazer do manuseio e da manipulação de alguma coisa que lhe dá um enorme prazer.

Por outro lado, a noção de utilidade dos objetos, dos jogos e do trabalho é uma noção que surgiu de um trabalho intelectual. A verdade é que a utilidade ou o conceito de utilidade é fruto de uma reflexão, não mais a nível dos sentidos, mas na categoria de uma idéia que surgiu de uma atividade reflexiva.

Observa-se também que esta noção de utilidade não é proveniente de uma reflexão individual, ao contrário, ela é originária de um pensamento profundamente influenciado pelo fator social. A caixa que foi fabricada poderá ser usada por outras pessoas do grupo, da mesma maneira que o cimento feito irá beneficiar muitas pessoas e não somente uma como se poderia pensar em princípio; além disso, a própria aprendizagem das técnicas, dos instrumentos usados pelo indivíduo que trabalha são elementos que a própria sociedade lhe forneceu. "Quando discutimos o desenvolvimento das chamadas atividades físicas de um bebê e o trabalho construtivo de crianças, jovens e adultos, buscamos mostrar que inteligência – na forma de uma percepção clara dos resultados de uma atividade e de uma busca de meios de adaptação – deve ser considerada como parte integral de tais atividades. Esse interesse intelectual, porém, que aí se apresenta subordinado e subsidiado dos resultados de certo processo de ação, pode vir a tornar-se o interesse dominante e preponderante. Neste caso em vez de pensar e refletir sobre as coisas com o fito único de utilizar as conclusões na realização de projetos, ganha-se o gosto da atividade de pensar e refletir pela simples razão de achar-se ou descobrir-se qualquer coisa, independente de toda realização concreta. Esse que é interesse distintamente intelectual ou teórico." (Op. cit., pág. 150).

Pela leitura do texto se observa um certo evolucionismo que também é uma das características do pensamento de Dewey. Vê-se também que depois da observação de experiências físicas, cujos resultados são extremamente úteis, passa-se para a construção de uma teoria que pode inclusive posteriormente estar separada da prática. Por exemplo, a relação de causa e efeito é, sem dúvida, uma teoria científica que é aprendida pela série de observações que foram feitas, na prática, sobre a causa e o efeito de muitos fenômenos analisados dessa maneira. Na verdade, este é o procedimento: a criança através da sua própria experiência constrói o seu mundo intelectual abstrato. Este é um ponto de vista que os responsáveis pela criança não podem ignorar.

A criança e a sociedade

É um aspecto bastante complexo o lado da formação social da criança ao nível de aprendizagem, mesmo porque, como se sabe, para Dewey não existe aprendizagem sem socialização, são dois processos inseparáveis; daí ganha um grande relevo a relação social entre adultos e crianças que, sem dúvida, é um relacionamento difícil. Para que os conceitos de Dewey fiquem claros é necessário que se tenha em conta dois fatores:

a) Desde cedo a criança imita o adulto, mesmo porque ela é quase que obrigada a assim fazer, já que cedo ou tarde ela ingressará na sociedade adulta. Ocorre, entretanto, uma situação problemática: quais são os reais impulsos da criança? Ela pode ou não ter simpatia por alguém, imitar pessoas que os adultos reprovem ou não gostem, e tem evidentemente uma necessidade muito grande de aprovação em tudo que faz. Na verdade, desde a mais tenra idade, as crianças lutam por manifestar, em atos, os seus verdadeiros impulsos sociais. Uma criança, de poucos anos de idade, pode chorar muito se alguém que ela não gosta, tomá-la ao colo.

O grande problema desta situação é que a criança raramente está sozinha, ela está sempre fazendo as coisas com seus pais, seus irmãos, seus amigos, seja em atividades escolares, recreativas ou até mesmo nas refeições, nos passeios, ela está sempre acompanhada. E os seus impulsos constantemente reprimidos. Este é um ponto importante para o conhecimento daqueles que convivem com as crianças: eles precisarão encontrar um meio termo entre a aprendizagem social e a liberdade pessoal da criança.

b) O interesse social é o estímulo do seu próprio interesse pelas coisas. Aqui se coloca uma diferença nítida entre o comportamento do adulto e o comportamento da criança, qualquer coisa que a criança faça, ela leva, imediatamente, ao conhecimento dos seus amigos ou até de seus pais, principalmente se ela supõe advinhar a aprovação que terá por aquilo que fez. Da mesma maneira, a criança esconde quando pratica algo "mal feito" porque sabe que terá a reprovação social; o adulto tem o interesse prático pelas coisas, freqüentemente não se importando com seus aspectos sociais. É muito curioso se observar alguns detalhes: se a criança ganhar algum brinquedo, algum objeto bonito, ela pensará imediatamente em exibi-lo aos seus amigos para que ela seja gratificada no próprio sentido da sua auto-estima, enquanto que o adulto, na maior parte das vezes, guarda cuidadosamente as coisas que ganha ou compra, sem grande interesse de exibir ou mostrar ao grupo que pertence. É por estas razões que o sentido social em Dewey é tão importante. Na verdade o que existe é um binômio indissolúvel: aprendizagem e socialização são coisas inseparáveis.

Por todas as razões expostas por Dewey, a pedagogia precisa estar atenta às relações entre o adulto e a criança. É, provavelmente, do bom equilíbrio dessas relações que surgirá o bom desenvolvimento do processo de aprendizagem. Educadores, mestres, pais e o próprio Estado que são os grandes responsáveis pela educação não podem desconhecer o complexo mundo das relações entre a criança e o adulto. É notável neste sentido a contribuição pedagógica de Dewey.

A educação como função social

Na verdade, Dewey é um pensador que coloca em tudo a primazia do social, principalmente na educação. A educação é, sobretudo, uma necessidade social e o processo socializante age como fator educativo. Trata Dewey da socialização como a necessidade essencial dos grupos jovens e como passar a estes grupos o instrumento eduacional que os conduza ao bom convívio grupal. Como se constata, há uma dialética dinâmica entre sociedade e educação.

Por outro lado, a aquisição dos valores, ainda que de forma inconsciente, é uma conseqüência do meio social, seja do grupo familiar ou da comunidade escolar.

Mas, afirma Dewey, existem pontos a discutir em uma questão como a que foi proposta, complexa pela sua própria natureza. Realmente, as coisas materiais da cultura, o seu uso, o seu manuseio podem ser transportadas e comunicadas aos grupos jovens que, inclusive, através da socialização, assimilarão até com certa facilidade as técnicas e as regras gerais relativas às coisas materiais. "Mas as crenças e as aspirações não podem ser fisicamente extraídas e depois inseridas. De que modo então se comunicam? Dada a impossibilidade do contágio direto ou da inserção material, nosso problema está em descobrir o método pelo qual os seres humanos mais jovens assimilam os pontos de vista dos mais velhos ou pelo qual os mais velhos tornam os jovens mentalmente semelhantes a eles." (*Democracia e Educação*, pág. 11).

O método consiste em observar como o indivíduo vai percebendo as condições do ambiente em que vive, ambiente considerado não apenas como meio físico, mas também social. As condições ambientais estão impregnadas de valores, padrões e normas. E o indivíduo vai perceber que na sua experiência grupal ele vai ter que assimilar o conjunto de valores do seu meio, para que ele próprio seja beneficiado, até mesmo em sua qualidade de vida.

O meio físico também é uma determinante, e as suas influências são realmente muito fortes. É evidente que um antiquário vive em um mundo que é apenas seu, e cujos interesses são características da sua profissão. Da mesma maneira que um médico ou um astrônomo vivem em ambientes peculiares que, de uma forma ou de outra, vão construir parâmetros até para a sua vida social.

Os grupos que tais indivíduos vão freqüentar seguramente serão constituídos por indivíduos que terão na realidade interesses idênticos. Percebe-se, então, que a educação recebida, inclusive de ordem profissional, orienta e controla a vida social destes indivíduos. E para sua própria conveniência, estes indivíduos não poderão participar de grupos com padrões educacionais diferentes dos seus.

Mas é necessário pensar também que vida ou existência é algo meramente passivo? Não. A vida social pode estimular determinados impulsos, mas também pode inibir outros, dependendo das reações de cada indivíduo. "Uma criança vivendo em um meio de músicos terá inevitavelmente estímulos, por menores que sejam, às suas aptidões musicais, e as terá mais estimuladas, relativamente, do que os outros impulsos, que poderiam despertar em diverso ambiente. Com efeito, se não tomar interesse pela música e não adquirir nesta arte alguma competência, será como um elemento estranho, inábil para participar da vida do grupo a que pertence." É, portanto, inevitável que o ambiente social exerça uma forte influência na formação educativa do indivíduo.

E Dewey ainda afirma crer que a influência do grupo atinja e supere as influências recebidas na própria escola. Pode acontecer realmente que informações ou valores recebidos na vida escolar, não agradem ao grupo a que o indivíduo pertença, ou que venha ferir alguma regra tradicional deste mesmo grupo. Os novos valores recebidos serão rejeitados ou, pelo menos, colocados em suspeição. É curioso lembrar como Dewey toca um ponto delicado. Quando se cogita da educação sexual nas escolas, a recusa do grupo familiar é sistemática: é algo que vai ferir as regras do grupo, pois o sexo ainda é um "tabu" na vida das famílias ocidentais da atualidade.

Por outro lado, convém lembrar que a passagem do tempo altera os valores, desperta outros interesses, transforma os objetivos. Aquilo que era proibido ontem pode não mais contar com a proibição hoje, posições sociais demarcadas à uma geração atrás, podem ter sido alteradas na atualidade. Podemos perfeitamente imaginar, por exemplo, a posição da mulher na sociedade contemporânea: ela não tem muito a ver com a mulher que viveu há cinqüenta anos. As exigências sociais se transformam, é claro, então, que a educação também tem que ser alterada. E em um caso ou outro, o indivíduo não é apenas um autômato, que reage segundo as circunstâncias: seus impulsos, suas tendências, vão escolher, vão assumir novas posições, ainda que o meio seja adverso.

"O que o ensino consciente e deliberado pode fazer é, no máximo, libertar as aptidões assim formadas para um mais amplo desenvolvimento, purgá-las de alguma de suas rudezas e formar objetos que tornam sua atividade mais rica de significação." (Op. cit. pág. 19).

Mas ainda neste sentido são curiosas as observações de Dewey. Quando se trata da linguagem, é claro que o indivíduo vai falar, por uma necessidade social, já que a comunicação oral é, sem dúvida, o principal instrumento da convivência social. E os indivíduos falam conforme aprenderam em seus grupos de origem: a maneira de falar é um legado difícil de ser negado. Mas ainda assim se pode perfeitamente, dependendo dos interesses pessoais, enriquecer o vocabulário, tornar a linguagem mais rica e mais atraente. Podemos sim, falar como os "nossos", mas podemos também desenvolver a linguagem, com isto estaremos abrindo perspectivas novas que podem ser imensamente úteis para nós. Uma comunicação fácil e diversificada não deixa de ser uma possibilidade para o sucesso profissional ou puramente social.

Da mesma forma são os nossos atos sociais. "Adquirimos boas maneiras, segundo dizemos, com a boa criação; e esta é adquirida pelos atos habituais como reações e estímulos habituais e não como conhecimentos transmitidos." (Op. cit. pág. 15).

Por todos os motivos não se pode subestimar a poderosa influência do meio social sobre a aquisição de boas maneiras. Geralmente, a educação urbana que recebemos em nosso grupo de origem é aquela que norteia o nosso comportamento em sociedade. Mas, podem surgir necessidades novas: o sucesso econômico que possibilita a freqüência a grupos mais requintados, o alcance de posições profissionais de certo destaque ou simplesmente a necessidade de falar em público ou dar entrevistas na televisão. A educação urbana, o padrão geral das nossas "maneiras", não vão ser suficientes. Vamos até mesmo precisar de uma reeducação. São os casos típicos de pessoas de origem humilde que alcançam cargos de chefia, pessoas pobres que enriquecem de repente, ou ainda, o surgimento de relações de amizade em níveis culturais diferentes e mais altos. É evidente que jamais perderemos alguns hábitos de origem, mas a educação como função social poderá construir padrões de comportamento que estejam à altura de novas necessidades sociais.

Uma outra questão que não pode deixar de ser comentada das idéias de Dewey é a que se refere ao "bom gosto". Este "bom gosto é a apreciação estética. Se o olhar for constantemente alegrado por objetos harmoniosos, graciosos de forma e cor, desenvolve-se naturalmente o sentimento do bom gosto. O efeito de um meio tosco, de quinquilharias, desordenado e superenfeitado produz a depravação do gosto, bem como viver em meios pobres e estéreis aniquila o amor ao belo". (Op. cit. pág. 153).

Neste ponto, torna-se importante lembrar que vivemos uma crise estética. Os meios de comunicação de massa se encarregam de expandir e propagar o anties-tético, o vulgar, seja em qualquer um dos aspectos da arte. O belo se aliena cada vez mais e se torna propriedade exclusiva de uma pequena elite, deixando ao grande público apenas o mundo imagético do sexo vulgar, do consumo e da indústria cultural. Por tais razões é difícil o cultivo do belo, da emoção estética, do bom gosto, na sociedade atual. Mas há indivíduos que não se contentam com o vulgar, e procuram de alguma forma encontrar algo mais requintado, algo melhor, mesmo porque como diziam os clássicos franceses *l'art il fault rêves*, ou seja, com a arte é necessário sonhar. Por outro lado, não podemos deixar de notar, que o bom gosto pode ser ensinado até mesmo para quem não o conheça. Nós não sabemos qual é a repercussão em alguém que ouve Chopin pela primeira vez, que se inicia em ver quadros de uma exposição ou simplesmente se toca ao ver uma casa bem decorada.

A riqueza das idéias de Dewey dão margem a uma série de reflexões, um sem-fim de anotações. Mas se pode dizer em conclusão sobre a questão da educação como função social: recebemos uma herança educacional, mas se houver necessidade de superar os valores deste legado, refletiremos sobre a nossa experiência, e partiremos, sem dúvida, para uma reeducação, que preencha as necessidades da nossa nova ordem social.

A experiência e o pensamento

A relação entre o pensamento e a experiência é, na verdade, um dos pontos essenciais da filosofia de John Dewey. É da sua dinâmica, da sua interdependência, é da combinação entre a experiência e o pensamento que vai surgir o entendimento do mundo, das coisas e das pessoas.

Experimentar apenas não trás o significado da natureza dessa experiência. Porque apenas praticar a experiência se constitui em um momento diluído na vivência do mundo. Viajamos nos relacionamos com as pessoas, vivemos diversas situações, mas apenas isto. Se poderia afirmar que se trata de uma experiência perdida. Por quê? Toda experiência nos trás um sofrimento, uma sensação de algo novo, porque não existe o momento experimental sem a conseqüente mudança. Experimentamos, sentimos a conseqüência disto e constatamos a mudança. Então, a experiência, ou a sua natureza, tem dois elementos ou dois momentos: experimentamos e sentimos a conseqüência dessa experiência, com as inevitáveis transformações. E talvez o que seja mais importante: avaliamos os resultados dessa dinâmica e, com toda certeza, estaremos no caminho da aprendizagem. Vejamos o próprio texto de Dewey: "A experiência na sua qualidade de tentativa subentende mudança, mas a mudança será uma transição sem significação se não se relacionar conscientemente com a onda de retorno das conseqüências que dela defluem. Quando uma atividade continua pelas conseqüências que dela decorrem adentro, quando a mudança feita pela ação se reflete em uma mudança operada em nós, esse fluxo e refluxo são repassados de significação. Aprendemos alguma coisa". (*Democracia e Educação*, págs. 152 e 153).

Aprendemos que o fogo queima, não pela queimadura que eventualmente sofremos, mas pela dor que fica. A vida impulsiva, ou seja, o comportamento levado a efeito pelos impulsos, ainda afirma Dewey, não traz conhecimento. Pela impulsividade nada aprendemos que possamos utilizar. É realmente curiosa a idéia de Dewey, porque, por outro lado, não se pode negar que o homem, quase que instintivamente, foge da dor e busca o prazer. Mas um prazer pelo prazer, não pensando muito nas conseqüências. A bebida, o fumo, o sexo, as diversões de maneira geral não são frutos de qualquer reflexão, mesmo porque se o forem, metade do prazer está perdido. É exatamente este tipo de experiência que não leva a nada, em um dizer singelo: nada foi aprendido de útil, que possamos aproveitar em nossas próximas experiências de vida. Discutível ou não, o ponto de vista de Dewey merece uma reflexão e uma tomada de consciência.

É necessário pensarmos ainda que não há uma separação entre o espírito e o corpo. Ocorre, na verdade, uma união psicossomática entre corpo e espírito ou inteligência. Se houver uma separação, a aprendizagem está prejudicada.

O professor pode exigir, por medida disciplinar, que o aluno fique quieto, que não mova o seu corpo, para que melhor preste atenção. O corpo sob pressão, bloqueia a inteligência: o aluno não faz nada, então, não aprende nada. É muito novo realmente este conceito psicossomático, mas extremamente verdadeiro.

O exemplo de Dewey é bastante ilustrativo: "O menino que empina um papagaio, tem que conservar o olhar fixo neste e notar as variações da pressão do fio em sua mão. Seus sentidos são avenidas para os conhecimentos, não porque os fatos exteriores sejam, de certo modo 'veiculados' e sim por serem usados para fazer alguma coisa com determinado objetivo. As qualidades das coisas vistas e sentidas têm alcance sobre o que está fazendo, possuem uma significação, possuem um sentido". É evidente que este sentido é dado pela reflexão ou pelo pensamento elaborado sobre a experiência feita, e que avalia a sua utilidade ou não para o alcance do objetivo proposto.

Fica, então, bem clara, a relação entre o pensamento e a experiência em Dewey. Como ele próprio afirma, pensar é discernir "a relação entre aquilo que tentamos fazer e o que sucede em conseqüência", ou ainda, "pensar é tornar explícito o elemento inteligível da nossa experiência". (Op. cit. pág. 159).

É claro que aprendemos que o fogo queima e não mais nos aproximamos dele; quando vou às compras preciso calcular; quando viajo, guardo comigo, em meu pensamento, tudo que me foi útil desta viagem. A experiência, inclusive, me forneceu uma série de previsões, que certamente, orientarão próximas experiências. E as transformações conseqüentes da própria experiência serão avaliadas em minha reflexão, se elas foram ou não proveitosas para mim.

E mais ainda de grande importância para a compreensão das idéias de Dewey: a nossa mente não é um arquivo de fatos e informações. Registrar fatos não é pensar. Podemos estudar as guerras entre gregos e persas, ou as grandes batalhas de Napoleão Bonaparte: estamos registrando fatos, não há um interesse experimental nestes fatos. Se estivermos, todavia, envolvidos em uma guerra, dentro da qual precisamos sobreviver, o nosso pensamento está presente, buscando soluções, tentando saídas as mais convenientes possíveis. Então, é preciso viver a experiência, ter interesse nas mudanças que serão operadas, refletir sobre estas mudanças, para que elas sejam realmente proveitosas em nosso futuro. O estudo da História não é um registro de fatos, mas uma reflexão sobre o passado para se compreender o presente.

Portanto, concluindo com Dewey, "pensar é o ato cuidadoso e deliberado de estabelecer relações entre aquilo que se faz e as suas conseqüências...".

DEWEY E A HISTÓRIA

A formação dos Estados Unidos é um dos mais interessantes textos de John Dewey, porque diz respeito às origens da nação americana.

Na verdade, a maior parte dos historiadores descrevem as revoluções pelo alcance da liberdade democrática, como a luta de um povo pelos ideais, um tanto abstratos da igualdade, da fraternidade e da própria liberdade. No caso, por exemplo, da Revolução Francesa, a ideologia do Iluminismo e particularmente de Jean Jacques Rousseau, era na verdade, a bandeira ideológica da famosa trilogia "Liberté, egalité et fraternité", orgulhosamente levantada pelo povo, que arremetia contra o regime monárquico. O próprio povo francês não tinha muita consciência da mudança política que o país iria sofrer, mas lutava pelas novas idéias de certa maneira promissoras para o seu futuro social, econômico e político. Na realidade, a sorte do povo, pouco ou nada mudou com o triunfo da Revolução, mas a próspera burguesia francesa, que não podia mais tolerar a monarquia, por fortes motivos econômicos, já que precisava da condição liberal para o seu desenvolvimento, realmente conseguiu aquilo que desejava com a Revolução que praticamente patrocionou. Com a 3ª República, após a derrota de Napoleão III, a burguesia se instalou no poder, e dele nunca mais se separou.

Semelhante raciocínio, Dewey aplica para explicar a independência e a constituição dos Estados Unidos em uma nação democrática, livre e cônscia dos seus futuros caminhos políticos. Os estados americanos, nas proximidades de 1776, ano da Independência, já apresentavam os nítidos sinais de um desenvolvimento econômico que não mais suportaria os abusos tributários e a opressão econômica da Inglaterra. "Como historiadores eles não inferem que o que se fez em nome de um diligente amor à liberdade foi apenas um esforço por livrar-se de determinados males, e que esses males foram afastados, os homens passaram do amor à liberdade para o gozo dos bens que almejaram possuir... Não inferiram que as forças econômicas que movem os homens à ação coletiva e que o estado das forças de produção é o extremo fator na determinação das ações sociais." (*Liberdade e Cultura*, pág. 74).

O pragmatismo de Dewey elucida, em um certo sentido, a situação dos fatos históricos em seu processo de desenvolvimento. É pouco provável que se os treze estados americanos não apresentassem sólidas bases econômicas, a independência teria sido alcançada em 1776; por outro lado é necessário pensar que se a nascente burguesia americana não tivesse fortes interesses pela sua liberdade econômica, ela não levaria a bom termo o ideal americano da liberdade.

É sem dúvida, muito interessante se notar o esquema de Dewey, sempre coerente com a sua filosofia. Em um primeiro momento existe uma ação concreta, uma experiência, inclusive ditada por fatores de ordem material, para que haja, um segundo momento, já abstrato, onde inclusive se estrutura uma ideologia sem grandes lances filosóficos. Aquilo que Dewey quer dizer é que a independência americana nasceu de necessidades práticas, sobretudo econômicas, para fins extremamente úteis de uma classe social que já detinha os meios de produção.

Vejamos ainda a questão da Declaração da Independência e a Constituição. "Que a primeira tivesse sido muito mais radical em seu teor explica-se facilmente: ela foi escrita por um homem que era o mais firme e o mais explícito de todos os líderes de fé, no movimento de fé na democracia." (Op. cit. pág. 75). Este homem, Thomas Jefferson, escreveu um texto, muitas vezes revisto, declarando no final que "em apoio a esta Declaração engajamos nossas vidas, nossas fortunas e nossa sagrada honra".

Era, na verdade, um momento histórico, que todos desejavam a mesma coisa, ou seja, a independência. O documento encontrou o apoio integral dos Estados Unidos, porque havia um grande interesse pela emancipação política. É preciso não esquecer que o próprio Jefferson era um próspero fazendeiro.

Em 1788, quando foi elaborada a Constituição dos Estados Unidos pela comissão de Filadélfia, o ambiente histórico já era diferente; seguramente já haviam interesses em conflito porque a nascente classe dos comerciantes não queriam as mesmas condições que os agricultores. A prova disto é que os primeiros anos da nação americana como república democrática foram intensamente agitados, chegando inclusive a conflitos armados. E esse estado de coisas ainda continuou, "chamaram a atenção para a influência freqüente de conflitos de interesses entre agricultores e comerciantes sobre os acontecimentos políticos. Mostraram, por exemplo, que a diferença nas políticas defendidas pelos partidos Republicano e Federal, respectivamente, durante os primeiros trinta ou quarenta anos de república, representava a diferença de interesses entre os setores e grupos agrícolas e os comerciantes". (Op. cit. pág. 75).

São por estas razões que se justifica a diferença havida entre a Declaração de Independência e a Constituição: as condições econômicas eram diferentes e por isso mesmo o teor dos documentos necessariamente deveriam ser diferentes. A política americana em seus fundamentos partia de uma autoridade central para um país que se desenvolvia rapidamente. Se pensarmos na extensão geográfica da nação americana, isso nos revelará que os diversos núcleos sociopolíticos tinham uma tendência a uma grande variedade de opiniões e condutas práticas, porque cada núcleo desses possuía na verdade uma estrutura econômica com a sua específica formação política. As diferenças vão aumentar ainda mais com a Revolução Industrial, que praticamente transformou a fisionomia econômica de muitos estados americanos, sobretudo se pensarmos que a industrialização cria interesses políticos muito diversos dos interesses agrícolas: enquanto os agricultores trabalhavam geralmente para exportação, a indústria se preocupava com a questão dos mercados internos. É evidente, então, que das situações práticas diferentes surgiram ideologias políticas diferentes. "A doutrina recebia apoio negativo, se posso assim dizer, pelo fato de que em fins do século XVIII não se entrevia ainda no horizonte, nenhum inimigo deliberado da liberdade, embora sendo certo que Jefferson já antecipava receioso o aparecimento de tal inimigo no incremento da indústria e do comércio e no crescimento das cidades de grandes populações." (Op. cit. pg. 75).

Continua ainda Dewey a nos mostrar uma interessante e polêmica visão política dos fundamentos americanos, nos primeiros anos da história dos Estados Unidos, no período heróico dos pioneiros, quando se lutava realmente por uma liberdade que não era uma abstração, mas uma realidade prática. Ser livre em uma democracia era princípio defendido pelos "Patriarcas", como diz Dewey, tipo Washington, Jefferson e Lincoln, que poderiam ser chamados de "apóstolos da liberdade". Essa atitude dos primeiros tempos foi se transformando em uma tradição americana, que os hábitos se encarregaram de consolidar. Ao longo do tempo, todavia, as coisas seguiam rumos diferentes. O crescimento da indústria, as explosões demográficas, a severidade necessária decorrente de instituições cada vez mais complicadas acabaram, sem dúvida, por transformar essa liberdade no grande "sonho americano", quando então a liberdade se transformou em uma quimera. Para ficar mais claro ainda o pensamento de Dewey é necessário lembrar que, realmente, a democracia e a liberdade não podem ser as mesmas de um passado heróico, na realidade de uma sociedade industrializada, onde os interesses humanos entram em franca decadência.

Prossegue Dewey em sua polêmica discussão: o governo instituído, seja ele qual for, não pode na verdade ser o pleno responsável por eventuais "endurecimentos". É bastante compreensível que nos primeiros tempos de formação de um país, quando inclusive os contatos entre os cidadãos e os políticos são diretos, a questão da liberdade é relativamente fácil de ser resolvida e conseguida, pois os entendimentos mútuos são claros e compreendidos de parte a parte. Quando a nação ganha proporções de um grande país, estes contatos diretos desaparecem. Em tempos de eleições, por exemplo, os políticos entram em contato com o eleitorado pelos meios de comunicação de massa e obrigatoriamente a noção de liberdade se dilui em uma abstração. Por outro lado, medidas práticas são obrigatórias em uma cidade grande, mesmo que elas sejam opressivas: o combate à criminalidade, a cobrança dos impostos, o controle político de idéias ditas "subversivas" são medidas quase que obrigatórias por parte de qualquer governo que queira manter o seu país dentro da ordem indispensável para o desenvolvimento econômico e social.

Mas a cultura norte-americana até mesmo por uma questão de tradição já estruturada, sempre fez questão e privilegia a liberdade democrática; todos devem ser iguais em seus direitos fundamentais e sem dúvida este é um princípio que decorre da liberdade, liberdade essa que dá oportunidade a todos de uma vida basicamente atendida em suas condições essenciais. Desde que o cidadão norte-americano tenha o direito e liberdade de expressão, de imprensa, de reunião e de crença religiosa, não como uma abstração, mas como uma realidade concreta, ele se considera em liberdade. Para Dewey, portanto, estes são os fundamentos americanos.

DEWEY E A FILOSOFIA

É comum a afirmação de que as instituições são externas ao indivíduo desde a sua origem. O direito à propriedade, à família são órgãos institucionais, como a própria escola, que nasceram em função de necessidades políticas e sociais e se extratificam, ao longo do tempo, transformando-se, por isso mesmo, em leis e normas destinadas a uma longa duração e de pouca flexibilidade. Como conseqüência dessa postura teórica é evidente que o indivíduo, com o tempo, se alienará do corpo institucional, porque as necessidades grupais se transformam como também as próprias leis morais.

Segundo Dewey, as coisas não são bem assim. Em primeiro lugar a vida moral e a própria formação da personalidade podem até ser individuais, mas chegaram ao indivíduo através da educação e da família, instituições básicas da organização social. Os homens não são seres passivos, que apenas recebem as instruções sociais, eles refletem sobre aquilo que receberam "mas, quando o eu for percebido como um processo ativo, compreender-se-á também que as modificações sociais são os únicos meios de criação de novas personalidades. As instituições são então analisadas à base de seus efeitos educativos, consideradas em relação ao alento que prestam à formação dos diferentes tipos de indivíduos, enquanto o interesse pela elevação moral do indivíduo se identifica com o interesse social pelas reformas objetivas das condições econômicas e políticas". (*A Filosofia em Reconstrução*, pág. 192).

A afirmação de Dewey implica em dizer que as mudanças sociais não são meramente institucionais, elas obrigam a uma série de transformações morais, psicológicas e individuais. Para entendermos bem o pensamento de Dewey, vamos expor um exemplo. Entre o final do século XIX e o início do século XX, os efeitos da revolução industrial já são amplamente sentidos, tanto na vida moral, quanto na vida pessoal. Os progressos da ciência beneficiando uma tecnologia nova, propiciaram o advento dos transportes, da luz elétrica e de todo equipamento que mudou radicalmente a qualidade de vida, sobretudo nos centros urbanos. A mulher se dirigiu ao trabalho e nunca mais saiu das oficinas, das fábricas e dos escritórios. Somente esses fatores já são suficientes para se perceber que um outro tempo era chegado e que mudanças de toda ordem estariam presentes, principalmente no que se refere aos valores morais, praticamente era necessária a presença de uma nova filosofia de vida, de uma nova ideologia que assegurasse à sociedade padrões sólidos de comportamento, face a uma nova realidade política e social que surgia. A filosofia em reconstrução não é então um simples jogo de palavras, mas uma inadiável necessidade prática.

A religião e a arte, organizações espirituais construídas pelos homens, também não ficam indiferentes às transformações sociais, porque são importantes e necessárias até mesmo à sobrevivência psicológica dos homens. Mas é evidente que não se pode pensar na ingenuidade religiosa do século XVIII, nos tempos do automóvel, da luz elétrica entre outras coisas, inclusive de natureza social, como os movimentos operários, até então desconhecidos. A religião como credo de fé teria que ser influenciada por tais mudanças e ela não teria condições de sobreviver, caso não se adaptasse aos tempos novos. Qualquer sacerdote ou pastor concordará com Dewey, que os tempos novos solicitam uma religião nova.

É interessante por outro lado notarmos que vivemos a era da tecnologia, nos tornamos anti-humanos com relação ao desenvolvimento artístico. É forçoso reconhecer que os tempos atuais marcam um certo recesso artístico, mas também é necessário que se tenha em mente que inovações surgem de todos os lados: a arte moderna ainda não se definiu ao nível de uma teoria, mas não se pode negar que ela procura os seus contornos definitivos.

É neste sentido que se coloca agora a questão da filosofia em termos da modernidade. Atualmente não se pode realmente pensar em uma filosofia, que ofereça um plano compreensível da realidade social, ligado aos ideais de Aristóteles ou de Platão. O tempo passou, os filósofos gregos são quase figuras mitológicas e o homem contemporâneo se vê perplexo ante a necessidade de compreender melhor as novas perpectivas existenciais, sobretudo as que se referem à moral. Torna-se, então, com grande vigor, necessária a presença de uma nova filosofia que num certo sentido, ajude ao homem atual se definir em sua condição individual e social. Poderíamos até pensar que se tratando de um tempo de transição, a filosofia como reflexão crítica e sistemática estaria também presa a essa transitoriedade. Até é possível, mas de qualquer maneira se evidencia o essencial do pensamento de Dewey: a filosofia está em reconstrução porque a própria sociedade também se refaz de suas crises e tenta planificar os padrões socioculturais de uma época nova e que ainda não foi bem compreendida pelos homens, sobretudo pelos filósofos que ontem, como hoje, tentam decifrar os enigmas propostos por uma sociedade que se torna mais complexa a cada dia que passa.

DEWEY E A MORAL

O ato moral é, sem dúvida, a expressão de um conjunto de leis, hábitos, costumes e representa os valores culturais de uma comunidade ou de um grupo social. Em razão disto, o comportamento ético não é gratuito, representa a vontade, a determinação e o comando da cultura. Por isto mesmo, fica muito difícil estabelecer valores morais absolutos, porque o que é válido em uma cultura não o é em outra. Em termos educacionais, a questão se complica, pois somos obrigados a passar para as gerações mais jovens, valores morais da nossa cultura, porque estas gerações, pelo menos em teoria, deverão sobreviver nessa mesma cultura. E neste caso uma das funções do processo educacional seria a perpetuação dos seus valores morais? Para este tipo de questionamento são muito elucidativas as idéias de Dewey.

Em primeira instância seria necessário investigar a natureza do ato moral, formada por um conjunto de hábitos e necessidades responsáveis, inclusive, pela formação do caráter. Para Dewey, entretanto, nem tudo é determinação, mas entra como elemento ponderável a escolha, a decisão, a opção de cada um independente, em certo sentido, até mesmo das condições culturais. Não se poderia omitir a questão da vontade, pois o ato moral não é apenas impulso e hábito social, mas também fruto do nosso interesse, do nosso intuito em alcançar objetivos ou até mesmo se afastar deles.

Não podemos avaliar o ato moral em circunstâncias normais e cotidianas: "Nenhum ser humano, por mais amadurecido que seja, tem um caráter completamente formado, ao passo que qualquer criança, no grau que tenha adquirido atitudes e hábitos, o tem até esse grau. A inclusão dessa qualificação está em ela sugerir uma espécie de escala corrente de atos, alguns dos quais procedem de partes profundas do 'eu', enquanto outros são mais casuais, mais devidos a circunstâncias acidentais e variáveis".

A idéia de Dewey é clara: nem todos os atos morais são iguais, existindo até mesmo uma certa hierarquia em sua qualificação. Grande parte dos atos morais praticados por nós, em nosso cotidiano, não são nem sequer pensados. São automáticos, espontâneos e repetidos várias vezes. Nos levantamos, nos vestimos, vamos dar conta de nossos negócios sem grandes preocupações éticas.

Da mesma maneira, não se pode exigir vontade ou reflexão em casos de uma grande pressão social ou em estados passionais agudos, em que a pessoa fique "fora de si", ou até mesmo em estado de privação de sentidos, como a embriaguês, ou os efeitos da droga.

Mas o caráter formado, do homem moderado, foi construído por deliberações suas, e este caráter decidirá sobre seus caminhos morais em função de valores que por sua vontade escolheu. Então, a moral não é algo mecânico, sujeito a condicionamentos culturais. Quando temos três caminhos à nossa frente teremos que escolher um: esta opção será feita em função de valores, que adquirimos ao longo da nossa experiência e que julgamos ser bons e úteis para nós.

O ato moral é, portanto, um ato voluntário e sempre ligado a um determinado fim. E aqueles que educamos devem, sobretudo, estar cientes da sua responsabilidade moral, talvez não em verdes anos, mas com o amadurecimento eles escolherão os seus próprios caminhos éticos, que seguramente se diferenciarão, até mesmo em virtude dos rumos profissionais: o quadro moral não é o mesmo para um homem de negócios, para um padre ou para um médico.

Prossegue Dewey: "A família, por exemplo, é algo mais que uma pessoa, mais outra e mais outra. É uma forma duradoura de associação, na qual os membros do grupo estão, desde o começo, em relação uns com os outros, e na qual cada membro recebe orientação para sua conduta pensando no grupo todo e em seu lugar nele, ao invés de uma adaptação de egoísmo e altruísmo".

É evidente que a moral familiar, em padrões estabelecidos tradicionalmente tem que ser obedecida, para que cada membro, inclusive, não se aliene do grupo familiar; mas este membro, ou este indivíduo que obedece, não procede assim por motivos altruísticos. Ele sabe que para ele, enquanto indivíduo, não é bom contrariar as leis da família, pois a sua inadequação aos quadros familiares, poderá lhe trazer prejuízos pessoais. E, por outro lado, mesmo dentro da sua experiência familiar, se este mesmo indivíduo for envolvido em complicações, problemas éticos, nem sempre os valores familiares decidirão as soluções; freqüentemente a vontade individual, que pode até entrar em conflito com a família, decidirá por ele próprio, avaliando qual solução é melhor ou mais útil para ele.

Além disto, outras situações, além daquelas que ocorrem na família, ilustram bem as idéias apresentadas. Um homem de negócios deve agir com benevolência com os outros, prestando-lhes serviços bons ou produtos de consumo satisfatórios não apenas por motivações altruísticas de uma elevada ordem moral, em que pense em apenas servir os outros. Ele sabe, dentro da sua própria experiência ética, econômica e social que ele será o maior beneficiado, se bem servir, porque ele será o escolhido na concorrência, e porque os seus lucros serão bem maiores com a clientela satisfeita. Então, em benefício de seus próprios interesses, ele resolve bem servir, ninguém o obrigou a isto: ele escolheu assim, porque assim é melhor para ele.

A moral pragmática de Dewey é uma ética baseada em um egoísmo, em uma solicitação de satisfazer necessidades pessoais? Não. Existe na verdade, e com grande realismo, um equilíbrio entre o altruísmo e o egoísmo. Equilíbrio este bastante saudável, seja no sentido pessoal, ou em termos sociais. Não devo praticar um crime, um roubo, por quê? Não vai, evidentemente, ser bom para o "outro", para o grupo, para a sociedade, que se prejudicará com meu ato criminoso. Mas também não será útil nem bom para mim, porque cedo ou tarde, virá a punição, se não vier, no mínimo, surgirá a marginalização social. Então, por minha vontade, não serão praticados atos criminosos, eu escolho assim.

Ao nível educacional, a questão ganha uma ressonância importante: os jovens devem ser educados de tal maneira que sejam habilitados a refletir e escolher sobre o seu destino moral, para que não sejam meros repetidores de uma ética convencional (Comentário feito à margem do livro *Teoria da Vida Moral*, págs. 10 e 11).

DEWEY E A POLÍTICA

São oportunas e atuais as idéias de Dewey sobre filosofia social e política. Considerando, em princípio, os sistemas teóricos excessivamente abstratos, ele elabora uma crítica à separação entre a teoria e a prática, afirmando inclusive que "a filosofia social fica nas teorias". (*A Filosofia em Reconstrução*, pág. 198).

Confirmando o pensamento de Dewey, convém lembrar que na prática política todos os recursos são válidos, desde que sejam conseguidos os objetivos, parafraseando Maquiavel. A luta pelo poder é concreta, dura e agressiva; o poder não se conquista de maneira fácil. A experiência política nem sempre contém a suave dignidade dos "tratados". Marx escreveu um dia: "A filosofia foi até agora vã e inoperante; cumpre transformá-la em uma força de modificação da natureza e da sociedade". Quando sua idéia foi posta em prática por Lenin, na Revolução Russa de 1917, houve realmente a transformação, mas o sangue escorreu do trono dos czares russos. Na prática a política não é uma abstração.

Não se pode negar que as idéias de Dewey sofreram forte influência do tempo em que ele viveu, conforme já foi comentado. Mas é sempre interessante lembrar que as trágicas conseqüências da crise de 1929, não seriam resolvidas por dogmas teóricos. Sim, o *New Deal* era baseado em um corpo teórico, mas foi quando o presidente Roosevelt o colocou em prática que os problemas americanos, como o desemprego e a superprodução, deram lugar ao progresso econômico e à estabilidade social.

É evidente que John Dewey, em sua maneira de pensar, não está imune à influência dos agitados tempos da crise americana. Por outro lado, o *New Deal* tinha um determinado uso, fins utilitários que beneficiariam o homem americano. Roosevelt sabia disso e legitimou o *New Deal* em sua prática política.

Esta dissociação entre a realidade e a teoria, criticada por Dewey, não pode existir, como se observa na prática cotidiana. Um político, em seu discurso, pode pregar a liberdade, a justiça, a igualdade entre os homens. E, geralmente, estas promessas são feitas de maneira muito abstrata, ou, o que é pior, formuladas a favor dos interesses pessoais desse mesmo político.

A mesma reflexão pode ser levada a efeito com relação às instituições e a sua ligação com os indivíduos. As instituições foram feitas para que houvesse um controle social, capaz de administrar as eventuais mudanças de ordem socioeconômica, como também de criar indivíduos cujo comportamento estivesse adequado às normas e às leis provindas destas mesmas instituições. Existe, e com freqüência, a possibilidade de que os indivíduos se tornem cidadãos oprimidos por um corpo de leis e instituições que não atendem mais às suas necessidades essenciais, sobretudo como uma organização social e política funcional. Por isto mesmo, o conjunto das instituições teóricas e legisladas, tem que estar preso às necessidades concretas do homem que vive em sociedade.

A liberdade, por sua vez, não é uma questão abstrata, nem pode ser assim considerada. O homem que tem o direito de usar a liberdade se move nos caminhos que escolhe, faz as suas opções sem pressões, se une com quem quiser, e onde quiser. Se percebe, todavia, que esta liberdade, enquanto direito indiscutível, nem sempre é dada ao cidadão, porque tudo depende da natureza do Estado onde vive esse homem. Os regimes autoritários, como o nazismo e o fascismo não cogitam da liberdade individual: para que o Estado evolua e progrida são necessários a disciplina, a organização rígida e a obediência tácita às leis do Estado. Nestes sistemas políticos, entre os quais se incluiria a Rússia de Stalin, a liberdade simplesmente não existe. É preciso convir, entretanto, que estes sistemas fechados propiciaram o desenvolvimento econômico e social talvez beneficiando o próprio homem que neles vivia. O progresso material realmente ocorreu, mas se pagou o preço da liberdade perdida.

Percebe-se, então, que as relações entre o indivíduo, a sociedade e o Estado, devem, na verdade, ser consideradas como um fato concreto, e algo de primeira necessidade para a sobrevivência da civilização. Por isto mesmo, tanto as instituições quanto o Estado devem servir de proteção e segurança para todos os cidadãos, para que tanto as instituições quanto o Estado sejam úteis ao homem. E a prática política deve servir para o alcance de meios cada vez mais úteis para esse mesmo homem.

Mais uma vez se constata que a crítica de Dewey é inteiramente procedente. Se pensarmos, até mesmo na realidade política brasileira, se notará, de maneira clara, como, na maioria das vezes, a política se distancia dos cidadãos, principalmente aqueles que constituem as chamadas "classes populares". A 15 de novembro de 1889, o Brasil mudava de regime político, e o Estado brasileiro deixava de ser um Império para se transformar em uma República. O novo sistema possuía uma ideologia, o positivismo, que inclusive constava como lema na nova bandeira "Ordem e Progresso". Uma ideologia que, além dos meios intelectuais, pouca gente conhecia. Por outro lado, raras manifestações populares saudaram a República que nascia, porque o povo sabia que a mudança política, em nada iria mudar o seu sofrido cotidiano, como realmente não mudou. Esta alienação entre o cidadão e o Estado, juntamente com seus instrumentos políticos, é que sofre a crítica de Dewey e da sua filosofia pragmática.

Ainda segundo John Dewey, a sociedade não é imposta aos homens, ela é procurada de maneira espontânea. Participar, compartilhar, organizar grupos, sempre tem um objetivo em vista, um objetivo que seja algo realmente útil e que beneficie a comunidade. Ninguém procura a socialização por motivos fúteis: a segurança, a propriedade preservada, a organização da família, são elementos sem os quais o homem perece, e ele sabe que é na vida social, na experiência comum a todos, que encontrará os fundamentos da sua vida. Mas, um Estado que não possibilite ao indivíduo escolher, optar, se integrar à sua maneira, não é o meio da realização política deste homem. "A melhor garantia de obter eficiência e poder coletivos está na liberação e no uso das variadas capacidades individuais de iniciativa, planejamento, previsão, vigor e paciência. A personalidade há de ser educada, e a personalidade não pode ser educada caso lhe confinemos as exteriorizações, as realizações a coisas técnicas e especializadas, ou às relações menos importantes da vida. A educação integral é levada a efeito somente quando existe de parte de cada pessoa, um quinhão de responsabilidade, proporcional às respectivas capacidades pela formação dos ideais e planos de ação dos grupos sociais. Este fato preciso, fixa a importância da democracia." (Op. cit., pág. 203).

Deste pequeno texto de Dewey se depreendem algumas considerações bastante esclarecedoras. Em primeira instância, se nota mais uma vez que Dewey não separa o processo educacional do sistema político. E nem poderia ser de outra maneira. Quando Lênin promoveu a Revolução, e uma vez instituído o regime socialista, o seu primeiro cuidado foi o programa educacional, configurado na sua Nova

Política Econômica, NEP e bem ilustrado na sua teoria da "curvatura da vara", muito bem comentada no Brasil, por Dermeval Saviani e a Escola Conteudista. Quando Mussolini instaurou o *faccio* na Itália, a sua principal preocupação era eliminar o analfabetismo do país, objetivo que alcançou com persistência. Outros teóricos como Althousser, Bourdier e Passeron confirmam, de maneira clara, as profundas relações entre política e educação. Então, é evidente que para Dewey, o único sistema político que possibilita uma educação integral é a democracia liberal.

A democracia oferece oportunidade para todos e respeita as tendências individuais ou da personalidade. O indivíduo pode desenvolver suas aptidões profissionais, sejam elas quais forem. É curioso se observar em termos de Brasil, os preconceitos profissionais existentes e tão criticados por Dewey. As profissões que exigem mais habilidade manual, e que não exijam para seu desempenho "faculdade", são vistas com evidente descaso, porque são consideradas secundárias. No Brasil, o "país dos bacharéis", ainda é necessário, caso se queira uma profissão de prestígio, ser médico, engenheiro ou advogado, e até professor, desde que não se ganhe a vida com habilidades mecânicas ou tecnológicas. Ser chamado de "Doutor" é um privilégio. Não é assim a democracia. Nos Estados Unidos, a "terra" de Dewey e do pragmatismo, toda atividade é prestigiada, até em níveis salariais. A política democrática deseja um conjunto social, feito de indivíduos das mais diversificadas atividades, todos trabalhando e participando para o bem comum, ou seja, o Estado democrático.

A pretensão de Dewey é, portanto, uma educação que prepare o cidadão que vai se integrar em uma sociedade democrática. E esta não é uma tarefa fácil. Desde muito cedo os indivíduos terão que aprender que o seu destino é ser um elemento útil para si mesmo e para a sociedade que vai pertencer. Esta atitude pedagógica em um clima democrático será, inclusive, extremamente saudável para crianças e adolescentes, que devem ser educados para viver em um país democrático. Não é permitida a presença de jovens desocupados, ocupando seu tempo em grupos errantes e dispersos. Muito cedo os cidadãos deverão saber que "aprender é fazer" e que é da sua produção e do seu desempenho que vai depender o rumo da sua própria vida. A democracia como sistema político solicita a participação de todos e, por isto mesmo, precisa de uma educação que promova a integração social e, ao mesmo tempo, a formação individual de cada membro da comunidade. E, parafraseando o próprio Dewey, "o amor da democracia pela educação é um fato. A explicação superficial é que um governo que se funda no sufrágio popular não pode ser eficiente se aqueles que o elegem e lhe obedecem não forem convenientemente educados. Uma vez que a sociedade democrática repudia o princípio de autoridade externa, deve dar-lhes como substitutos, a aceitação e o interesse voluntários, e unicamente a educação pode criá-los". (*Democracia e Educação,* pág. 93).

A idéia de Dewey é muito clara. Se o Estado democrático não faz uso da sua autoridade, como os governos nacionalistas ou absolutistas, ele espera dos cidadãos a atitude voluntária de participação, respeito e produção. É evidente também que um povo que viva a democracia tem que ser educado para responder com espontaneidade às solicitações do Estado. O esforço de guerra dos americanos, o alistamento voluntário, inclusive de mulheres, torna a 2ª Guerra Mundial um exemplo ilustrativo da solidariedade americana ao seu Estado democrático. Não uma solidariedade abstrata, mas concreta: as fábricas trabalhavam sem parar, noite e dia, e os "tommies", soldados americanos, iam para a Europa sem saber se voltavam. Sabiam apenas que estavam se envolvendo fisicamente em uma guerra dura e sem tréguas. Ninguém é obrigado a participar, mas todos participam porque o interesse individual é o mesmo interesse da nação.

E continua ainda Dewey, "uma democracia é mais que uma forma de governo, é principalmente uma forma de vida associada de experiência conjunta e mutuamente comunicada". (Op. cit. pág. 93).

Sem dúvida, este pequeno trecho do livro de Dewey, retrata com fidelidade o *"american way of life"*, a maneira americana de viver. Em todos os estados americanos o cidadão paga impostos sem protestos porque o governo lhe devolve em serviços; o serviço de saúde, educação e segurança dos Estados Unidos satisfaz os cidadãos, que têm trabalho, salários e estabilidade. Não é um paraíso, porque ele existe além do profano, está no sagrado, mas é bem a democracia liberal que Dewey defendeu um dia.

A crise do liberalismo

Dewey viveu muito de perto a ascensão e a queda do liberalismo americano. A sua filosofia estava muito relacionada com o seu momento histórico, pois o pragma-tismo, característica do pensamento de Dewey, não concebe a reflexão sem a sua introdução na prática.

É possível que seja útil um rápido exame do liberalismo para que se compreenda melhor as idéias de Dewey face a esta questão. O liberalismo, enquanto ideologia sistematizada por Adam Smith em seu livro *A Riqueza das Nações*, partia de alguns princípios fundamentais:

a) é a ideologia da democracia, porque defende os direitos "naturais" do indivíduo, como, por exemplo, a liberdade, que considera não um privilégio, mas um direito do cidadão;

b) a economia de uma nação deve se desenvolver livremente, sem a interferência dos poderes oficiais;

c) a livre iniciativa e a livre concorrência devem ocorrer plenamente;

d) os cidadãos são iguais desaparecendo qualquer privilégio de sangue, cada um valendo pelo seu desempenho social, político e econômico.

Dewey viveu o apogeu e o clímax do liberalismo nos Estados Unidos e na Europa Ocidental, mas também viu de perto a grande crise liberal, como a quebra da Bolsa de Nova York e o surgimento na Europa, de regimes políticos e econômicos que postulavam princípios bem diferentes daqueles professados pela teoria liberal. Em seu livro *Liberalismo, Liberdade e Cultura*, págs. 15 e 16, pode- se ler: "Três grandes nações do mundo suprimiram suas liberdades civis (ele escreve em 1935 e refere-se à Alemanha, Itália e Japão). É verdade que nenhuma daquelas três nações em causa tiveram uma longa história de devoção liberal. Sabe-se que tudo que defende o liberalismo é posto em cheque em tempo de guerra. Também numa crise mundial como a que vive hoje o mundo, seus ideais e seus métodos são postos em perigo e a crença se espalha de que o liberalismo apenas floresce quando faz bom tempo social. Não há como evitar que indaguemos o que é realmente o liberalismo; quais os elementos, se é que existem, de valor permanente nele envolvidos e como podem tais valores ser mantidos e desenvolvidos nas condições que hoje enfrenta o mundo".

É claro que Dewey não abandona sua idéia de que o liberalismo é um princípio organizador da sociedade livre e democrática. E coloca também um intrigante questionamento: será, então, o liberalismo, algo que existe apenas em tempo de paz?

É interessante lembrar que quando o caos se abateu sobre o mundo econômico, em 1929, nos Estados Unidos, foi adotado o *New Deal*, um sistema de economia dirigida. Por outro lado, não se pode esquecer que o nazismo levantou a Alemanha derrotada e o fascismo colocou a Itália como um país desenvolvido. Ambos eram regimes ditadoriais, bem distantes do liberalismo democrático.

O próprio Dewey esclarece a questão proposta em seu livro. "Mas os valores da inteligência livre, da liberdade, da oportunidade de cada indivíduo de realizar as suas potencialidades são preciosos demais para ser em sacrificados a um regime de despotismo, especialmente quando o regime, em larga medida, é apenas o agente de uma classe econômica em sua luta para conservar e estender ganhos que acumulou de uma genuína ordem social e de sua unidade e desenvolvimento. O liberalismo tende a se erguer de novo para formular os fins a que sempre se devotou em termos dos meios que são relevantes na situação contemporânea." (*Liberalismo, Liberdade e Cultura*, págs. 58 e 59).

Dewey esclarece bem: os grandes conflitos e as crises mundiais surgem quando alguns grupos tomam o poder e com ele erguem um império de vantagens pessoais, se erigindo em uma classe dominante que não prevê os interesses das instituições e dos cidadãos. O liberalismo não cogita de classes especificamente poderosas ou mandatárias: as oportunidades são para todos e os meios de produção se destinam à construção de um país forte e soberano. O Estado liberal é poderoso por natureza, porque os seus cidadãos produzem, vivem e se organizam com liberdade.

E, em um certo sentido, é muito procedente a idéia de Dewey: o homem liberal é forte no Estado liberal. E esta tendência se verifica com clareza na atualidade, quando o liberalismo, em sua vertende neoliberal, tomou conta do mundo Ocidental, não se excluindo, inclusive, a antiga União Soviética, hoje a Rússia da "*perestroyka*".

REFLEXÃO E DEBATE

1. Os valores morais pragmáticos não são os mesmos pregados pela cultura tradicional, mas a moral pragmática é indispensável à civilização atual. São válidas estas afirmações?

2. A sociedade sempre se caracterizou por ser organizada sobretudo por valores morais. Com as transformações ocorridas ao longo da história, alguns valores permaneceram intactos, segundo Dewey são valores pragmáticos universais. São verdadeiras essas afirmações?

3. Por motivos óbvios, a política é a ciência do poder. Alguns modelos políticos garantem a soberania do poder. Dewey defende a democracia como uma das últimas formas de se viver politicamente. É válida esta afirmação?

4. O período em que Dewey viveu foi agitado por transformações políticas, sociais e econômicas ocorridas no Estado Americano. Até que ponto este clima histórico influenciou as idéias de Dewey?

Anexos

Apresentamos os resumos de três artigos de especialistas, publicados em revistas de renome internacional. Estes resumos trazem valiosas contribuições para a compreensão de alguns pontos do pensamento de John Dewey.

A Educação e a Conquista da Felicidade

A educação é a chave material para a conquista da felicidade, se considerando, principalmente, as características da sociedade democrática americana.

Felicidade é uma expressão que pode ser definida ou conceituada de diversas maneiras. Mas não se pode negar: que felicidade é, sobretudo, a boa qualidade de vida, segundo o pensamento de Dewey.

Mas analisa Dewey: o que é "bom"? Pode ser um nome ou um adjetivo. Significa dizer que pode ser uma "coisa" ou a qualidade dessa "coisa". Felicidade, em primeiro lugar, é conquistar, alcançar a prosperidade e o consumo. Mas também pode ser a felicidade, o resultado da avaliação, do valor que emprestados às coisas. Consumimos aquilo que damos valor.

Mas o consumo, em termos de qualidade, deve evoluir: o que era bom ontem, não é bom hoje. Gostávamos de brinquedos na infância, quando adultos não os apreciamos mais.

Mas o consumo não pode ser passageiro. Tudo deve ficar fixado para que a felicidade seja duradoura. E a conquista dessa felicidade tem como chave a educação. A educação fixa a felicidade. Consumimos a escola, a instrução, a aquisição de um trabalho para sermos felizes.

E por isto mesmo a conquista da felicidade deve ser ética. A moral considera a felicidade não um bem individual, mas um bem de todos da comunidade, justificando-se assim a moral democrática. E essa moral elabora juízos éticos que são conseqüência de uma reflexão sobre os valores, sobretudo sociais.

A integração do indivíduo na sociedade com liberdade, igualdade e fraternidade dará a este indivíduo a felicidade que conquistou pela educação que a ele foi dada. A educação é, portanto, a chave da conquista da felicidade.

(George C. Stone, *Journal of Thought*, Summer, 1996, vol. 31, number 2, págs. 25 a 37)

A Noção de Causalidade em Ciências Sociais para Dewey

Atualmente está sendo tratada, pela maioria dos especialistas, a questão da causalidade na pesquisa das ciências sociais em geral e na pesquisa educacional em particular. E todos estes filósofos da educação mencionam Dewey como um importante pesquisador da questão da causalidade. Dewey não escreveu especificamente sobre o assunto, mas os seus textos de teoria lógica elucidam bastante o problema em questão. E o artigo propõe um exame destes textos que se encontram no livro "Logic the Theory of Inquiry", 1938, Nova York.

Segundo Dewey, a lógica fornece o método que deve orientar a pesquisa em Ciências Sociais, como ocorre com as Ciências Exatas. E o método trabalha com os materiais da observação para, em seguida, examinar os símbolos relativos a estes materiais. E neste trabalho deve existir um contrato entre o pesquisador e o objeto da pesquisa, ou seja, o respeito pelas condições apresentadas na pesquisa. Significa isto que se a pesquisa indica um caminho, o pesquisador não pode seguir outro senão aquele que foi indicado.

A observação é feita sobre os fenômenos da natureza do mundo. A causa destes fenômenos não nasce de uma operação mental: ela está na natureza. "A grama cresce porque chove muito." Assim também acontece com a questão social e o problema educacional: as causas estão no campo social, na área educacional. Nós não podemos interpretar ou teorizar a causalidade dos problemas da educação: eles estão no mundo real da educação; é com os dados da observação que devemos operar o método.

(Alan Ryan, *Educational Theory,* Fall 1994, vol. 44, number 4, págs. 417 a 428)

Pragmatismo, Identidade Social, Patriotismo e Autocrítica

Dewey pretende encontrar uma situação científica para a questão da identidade e se vale desta proposta para analisar a identidade dos americanos. Compara estes americanos com outros povos europeus. Os alemães — inclusive o filósofo Hegel — copiaram para si os modelos gregos, construindo com eles a sua identidade. Aconteceu isto também com os franceses, principalmente no século XX.

O pragmatismo foi muitas vezes criticado de maneira negativa; em outros momentos todavia, esta filosofia ganhou aspectos sérios, como no pensamento do filósofo Bertrand Russell. É este pragmatisno que constrói a identidade dos americanos. Ele propõe um projeto, enquanto outras escolas sugerem um destino.

Para os americanos, as propostas políticas ou econômicas variam de acordo com a situação histórica (antes da crise de 1929 era a livre concorrência, mas depois veio a economia dirigida "*New Deal*").

A identidade é, portanto, uma exigência da situação: esta é a identidade americana. E o trabalho de Dewey não é apenas teórico, mas também prático. Ele constrói a identidade americana com crianças urbanas e crianças migrantes. O seu ensaio "Democracy versus melting pot" é um documento no qual fica clara a sua proposta de "americanização", que levaria a homogeneidade aos cidadãos em níveis da sua identidade americana. E o projeto de Dewey traduz o trabalho de transformação do ideal em uma realidade. A identidade americana não é apenas uma teoria, mas uma realidade produtiva.

(*Social Research,* Winter, 1996, vol. 63, number 4, págs. 1041 a 1064)

BIBLIOGRAFIA

BREHIER, Émile. Historia de la filosofia. Ed. Sudame-ricana, Buenos Aires, 1956.
CROUZET, Maurice. História geral das civilizações. Época Contemporânea, DIFEL, SP, 1961.
DEWEY, John. Liberdade e Cultura. Revista Branca, RJ, 1953.
_ *A Filosofia em Reconstrução*. Cia. Ed. Nacional, SP, 1958.
_ *Como pensamos*. Cia. Ed. Nacional, SP, 1979.
_ *Democracia e Educação*. Cia. Ed. Nacional, SP, 1959.
_ *Experiência e Educação*. Cia. Ed. Nacional, SP, 1979.
_ *Experiência e Natureza*. Abril Cultural, SP, 1980.
_ *Liberalismo, Liberdade e Cultura*. Melhoramentos, SP, 1975.
_ *Teoria da Vida Moral*. EBRASA, RJ, 1961.
GHIRALDELLI Jr., Paulo. História da Educação. Ed. Cortez, SP, 1990.
HUBERT, René. História da Pedagogia. Cia. Ed. Nacional, SP, 1959.
MANACORDA. Mário A. História da Educação da Antiguidade aos nossos dias. Ed. Cortez, SP, 1989.
MONROE, Paul. História da Educação. Cia. Ed. Nacional, SP, 1958.
RANSON, Gilles Thomas. História da Educação. E.P.U., SP, 1987.
TEIXEIRA, Anísio. Educação para democracia. Cia. Ed. Nacional, SP, 1959.

Leia também

O brasileiro José Bonifácio de Andrada e Silva viveu na Europa, durante a maior parte de sua vida adulta, como cientista ativo e alto administrador a serviço da Coroa portuguesa. Retornando à sua pátria após décadas de ausência, participou intensamente do processo de independência do Brasil. Suas propostas para a organização da nação brasileira não foram aceitas pelas elites da época, mas iluminaram, durante décadas, o debate sobre o país. Algumas de suas preocupações têm ainda grande atualidade.

Sem dúvida alguma, leitura imperdível.

Impresso pelo Depto Gráfico do
CENTRO DE ESTUDOS
VIDA E CONSCIÊNCIA EDITORA LTDA
R. Santo Irineu, 170 / F.: 549-8344